EL PROYECTO DE
DIOS
PARA TI

Lo importante es lo que permanece
Versión Lectora del Libro PROYECTO DE VIDA Prof. José Cueli

Profesor JOSÉ M. CUELI M.

Copyright © 2021
Prof. José Manuel Cueli Melón
josecuelim@gmail.com

1RA. EDICIÓN, 2021
Versión lectora del libro PROYECTO DE VIDA
Prof. José Cueli. Publicación adaptada y ampliada
Diseño y diagramación: Olga Valdez
Ilustraciones: Flaticon
Disponible en AMAZON.

Todos los derechos reservados. No se permite reproducir, almacenar en sistemas de recuperación de la información ni transmitir alguna parte de esta publicación, cualquiera que sea el medio empleado electrónico, mecánico, fotocopia, grabación, etc., sin el permiso previo de los titulares de los derechos de propiedad intelectual.

CONTENIDO

Preámbulo	9
Introducción	13
Unidad 0:	
¿Quién dijo imposible?	23

1

PRIMERA PARTE:
El proyecto personal de vida

Unidad 1: Según busquemos, así encontraremos	35
Unidad 2: Primero lo primero	43
Unidad 3: El proyecto de vida	51
Unidad 4: El "YO" interior	55
Unidad 5: La mejor Autoimagen	63
Unidad 6: La vida es un camino	69
Unidad 7: La realidad	75
Unidad 8: El otro: la realidad más cercana	81
Unidad 9: Si pudiéramos ver más allá	93
Unidad 10: Hablemos de la otra vida	105
Unidad 11: Una luz en la oscuridad	133
Unidad 12: La Gran Meta	145

2

SEGUNDA PARTE:
El Proyecto de Dios en clave de Pascua

Unidad 13: Dios o nada	151
Unidad 14: El Proyecto de Dios	157
Unidad 15: ¡Un proyecto diferente!	171
Epílogo	183

A

ANEXOS

¡Serás lo que quieras ser!	189
Comentarios acerca de la obra	195
Bibliografía	197

←⎯⎯⎯⎯⎯⎯→

Yo soy *el camino, la verdad y la vida*;
nadie se acerca al Padre sino por mí.

JN 14, 6

Si alguno de ustedes quiere construir
una torre, *¿acaso no se sienta primero a
calcular los gastos, para ver si tiene con qué
terminarla?* De otra manera, si pone los
cimientos y después no puede terminarla,
todos los que lo vean comenzarán a burlarse
de él, diciendo: '*Este hombre empezó a
construir, pero no pudo terminar*'.

LC 14, 28-30

←⎯⎯⎯⎯⎯⎯→

AGRADECIMIENTOS...

- A mi esposa, Lilian. A mis hijos José Alberto, Miguel Eduardo, Juan Marcos y Carlos Daniel, y ahora también a mis nietos José Javier, Eduardo José, María Eugenia, Sara Elena, Amelia Beatriz y Nazaret Sofía, porque ellos han dado sentido a mi vida.
- A los escalones por los que mi espiritualidad ha ascendido:

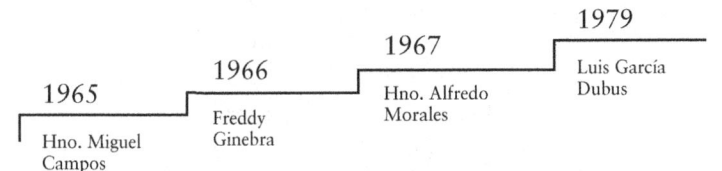

  1965 — Hno. Miguel Campos
  1966 — Freddy Ginebra
  1967 — Hno. Alfredo Morales
  1979 — Luis García Dubus

- A mis padres y hermanos, junto a otros familiares que han conformado lo que Dios quiere que hoy sea.
- Al Hno. Raúl Calvo, compañero de camino.
- A los Hnos. Pedro Acevedo y Pedro Fernández, signos de Dios para mí en este itinerario.
- A todos mis alumnos y exalumnos. Ellos me mostraron la dirección de mi misión y me hicieron educador.
- A Luis Cabrera, que de alumno se convirtió en mi profesor, este texto estuvo esperando durante años por él.
- A Carlos Frank Then por sus dibujos que dan forma a mis ideas.
- A Olfi Valdez por el arte con que diagrama mis escritos.

- A Mateo Morrison Jr., mi estudiante fuera del aula, por las clases que no pude darte.
- A todos los que han sido miembros de la comunidad del DEF (actual DEP) durante todo este tiempo de gestación; sin ellos no hubiera habido camino.
- A mis hermanos de las diversas comunidades donde hemos compartido la vida, porque ellos son testimonio vivo de lo que aquí se plantea.
- A La Salle y los Hermanos, han sido providencia de Dios en mi peregrinar.
- A Luz Eneida Lara, que hizo las revisiones gramaticales y se dejó impresionar por esta historia.
- A los que leyeron el manuscrito original, profesores y amigos: Luis García Dubus, Luichi García-Dubus, Gerardo Castillo, Luis Peña, Heraldo Suero, Iván Cordero y el Hno. Alfredo Morales. Sin sus sabios consejos y su animación no me hubiera atrevido a publicarlo. Y en esta nueva versión a: Hno. Pedro Orbezua, Freddy Ginebra, Cecilia Hiciano y Andiel Galván.

⟵——————⟶

Por tanto, *el que me oye y hace lo que yo digo, es como un hombre prudente que construyó su casa sobre la roca.* Vino la lluvia, crecieron los ríos y soplaron los vientos contra la casa; pero no cayó, porque tenía su base sobre la roca. Pero el que me oye y no hace lo que yo digo, es como un tonto que construyó su casa sobre la arena. Vino la lluvia, crecieron los ríos, soplaron los vientos y la casa se vino abajo. ¡Fue un gran desastre!

MT 7, 24-27

⟵——————⟶

"Donde están tus riquezas,
ahí está tu corazón".

{ JESÚS }

Preámbulo

*"Este libro es un tesoro envuelto
en un cofre de papel".*

Tal vez parezca mal que sea yo quien lo diga, así que tendré que aclararlo. No me considero su autor, más bien el descubridor. Los tesoros no se crean, se descubren; mientras tanto, permanecen escondidos hasta que alguien encuentra alguno, se alegra y en algo le cambia la vida. No pretendo comparar, pero Jesús lo explica magistralmente en un solo verso de su famosa parábola *"el tesoro escondido"*.

Una vez leí que nadie escribe nada nuevo,
que un texto es como un tapiz formado
por miles de hilos que se recogen
de aquí y de allá, y se entretejen: escritos
significativos con los que te identificas,
reflexiones que otros te transmiten,
deducciones a partir de causas primeras,
frases que te tocan, experiencias vividas...
Si hay algo original es el relato, el dibujo en el
lienzo, el trayecto que el escribidor transita.

Como podrás apreciar, este libro está lleno de cuentos, historias, citas, anécdotas, enseñanzas y reflexiones provenientes de otros autores. Espero haber sido lo más fiel y justo posible al invocarlos en este recorrido.

El contenido, insisto, son hallazgos que se convirtieron en mis convicciones: lo escrito, lo creo profundamente. Es la conclusión a la que he llegado después de todo lo vivido. Mi afán es proclamarlo, como quien tiene una buena noticia y quiere que todos se enteren.

Lo que compendio lo encontré buscando mensajes valiosos para la vida de mis estudiantes de Tercero de Bachillerato, a los que daría clases justamente 33 años atrás y con quienes aún trato a la fecha. Los libros de textos que en aquel entonces me mostraron, francamente, no me convencieron; y los Hermanos de La Salle, por esos designios misteriosos del Señor, me permitieron *"crear"*.

Quiero hablar un poco de los Hermanos. Crecí entre ellos, pues mis padres me inscribieron, a la edad de 5 años, en el Colegio Dominicano De La Salle en Primero de Primaria. En aquella época había muchos Hermanos concentrados, claro, en el colegio. A tan tierna edad, para mí las personas se dividían en dos: los Hermanos y los demás. Ellos eran una especie de súper héroes que se admiran a distancia. Pasó el tiempo y algunos marcaron significativamente mi vida, como podrán observar en los *"agradecimientos necesarios"* antes de comenzar el libro. Fueron escalones por los que ascendió mi espiritualidad.

Volví a estar entre ellos, ahora como adulto de 35 años con una familia formada. Muchas cosas habían cambiado necesariamente.

La más palpable fue apreciar que mis súper héroes de antaño se habían convertido en seres humanos como los otros, con sus defectos, carencias, bondades y virtudes.

Pero lo que siempre voy a admirar y respetar en ellos, es la vocación que los lleva a entregar su vida por la causa de la *"educación a los más necesitados"*.

Regreso al libro y tal vez sea improcedente lo que voy a contar, aunque lo hago sin ánimo de crear controversia. Un Hermano, en una ocasión sentenció: *"tu libro tiene ya muchos años de publicado, está desfasado"*. Otro afirmó que *"el contenido no estaba dentro de lo que contemplaba el programa catequístico del Sector"*. No sé por qué, pero tuve la impresión de que ninguno de los dos lo había leído. Y agradezco las observaciones porque me hicieron repensar y validar sus temas.

Franklyn se casó con Yanara de su mismo grupo de promoción del colegio. Residen junto a sus hijos en Vancouver, Canadá, desde hace varios años. Unos meses atrás nos contactamos de nuevo y me dijo algo gratificante:

> "al mudarnos desde Dominicana
> tuvimos que ser muy selectivos
> con lo que íbamos a traer para
> acá, y entre los pocos libros que
> escogimos mi esposa y yo para que
> nos acompañaran estaba el tuyo,
> *Proyecto de Vida*".

A lo largo de estos años algunos exalumnos me han externado afirmaciones similares.

La intención de esta obra fue plasmar la fe descubierta a través de mi experiencia cristiana desde la óptica de la doctrina católica en la que fui formado, y que a la vez sirviera como contenido para el ministerio catequístico en el que me iniciaba a través de las Escuelas Cristianas de los Hermanos, en particular del Colegio Dominicano De La Salle, a quien devuelvo con gratitud parte de mi desarrollo espiritual.

Aclaro pues, que el libro que tienes en tus manos es la versión lectora del texto original *"Proyecto de Vida"* con ciertas modificaciones, ampliaciones de relatos y pretensiones menos académicas, al cual he suprimido los ejercicios y orientado a toda clase de lectores por considerar que los principios que plantea son universales y atemporales. Y, como un Hermano me sugirió, vestirlo con un aire *"clásico moderno"*. Aspiro a haberme acercado a este propósito.

La razón de versionar y reeditar esta obra que quiere ir más allá de las clases de religión, aprovechando ahora los recursos digitales para su impresión y difusión, es que si al navegar por las redes o de alguna otra manera alguien se encuentra con él y le llama la atención, tamice con criticidad *"estas confesiones de fe"*, se deje interpelar por ellas y las posea en toda la dimensión en que puedan servirle ...y ojalá llegue a descubrir, entre líneas, un tesoro para su vida.

Introducción
¿Quién es tu Dios hoy?

Cierto sector de la ciudad de Madrid (España) amaneció un día con un grafiti replicado sobre varias paredes y lugares públicos que decía: *"Si tu Dios está muerto, te presto el mío"*. Al margen de las intenciones del autor anónimo de la composición pictórica realizada sin autorización, a uno le da por pensar acerca del significado de un Dios que se muere o que se presta.

¿Cuál es la posición de Dios en nuestra sociedad actual?

SER CRISTIANO EN UN MUNDO SIN DIOS

Decía alguien una vez: *"Soy ateo, ¡gracias a Dios!"* Sin embargo, el fenómeno del ateísmo en nuestro tiempo es, sin duda, mucho más preocupante que en tiempos pasados. Ha dejado de existir el llamado ateísmo combativo que se inspiraba en la modernidad y pretendía explicarlo todo con la razón empírica. Por lo menos ese ateísmo tenía una visión optimista de la racionalidad y del método científico, se levantaba contra la irracionalidad y el oscurantismo, creía en la utopía y en el progreso y se presentaba como liberador y humanista.

Hemos pasado de aquel ateísmo combativo al agnosticismo, que es vivir al margen de Dios, ¡exista o no! Dios ya no es parte del problema humano, aún para personas que se dicen religiosas. Leí en algún lado que, entre 50 récords extraídos de los archivos de un médico psiquiatra a quienes consultaban personas consagradas, apenas dos mencionaban a Dios en sus problemas y sólo uno lo veía como parte de la solución.

Han caído las ideologías y el hombre postmoderno no tiene ya aliento ni para negar a Dios. Quisiera señalar algunas causas de este agnosticismo moderno que, de una forma u otra, nos envuelve a todos.

Hay, en primer lugar, un materialismo de vida y cultura a través del cual el hombre moderno busca la satisfacción y el placer inmediatos en todas sus actividades, rehuyendo a pensar para no encontrarse con el vacío que lleva dentro de sí mismo: es el hombre que pretende comprar la felicidad, el hombre *light* que supedita los valores morales y religiosos al triunfo profesional, a sus prisas y ambiciones.

Resulta, sin embargo, un hombre insatisfecho, inseguro y triste, producto de nuestra empobrecida cultura. El análisis de su lenguaje, por ejemplo, no revela ninguna certeza de tipo trascendente, ni sobre Dios, ni sobre el sentido del hombre mismo.

Paradójicamente, este agnosticismo no encuentra a veces en los creyentes otra respuesta que el creer sin razones, simplemente por la fuerza del sentimiento o de la tradición. Se trata así de curar una enfermedad con otra enfermedad: el fideísmo, una fe empobrecida de razón y vigor filosófico, creer porque sí.

No es ajeno a la situación actual el fenómeno de presentar un Dios falso que no se fundamenta en valores morales, no interviene en la historia y del que se puede prescindir. Pero un Dios del que se puede prescindir es un Dios que termina siendo ignorado, porque se trata de un Dios inútil.

Nuestro reto en este libro, por tanto, consistirá en responder al desafío del agnosticismo moderno dando explicación de nuestra fe, tal como lo pedía Pedro a los cristianos de su tiempo (1Pe 3, 15):

"...DEN GLORIA A CRISTO, EL SEÑOR, Y ESTÉN SIEMPRE DISPUESTOS A DAR RAZÓN DE SU ESPERANZA A TODO EL QUE LES PIDA EXPLICACIONES".

(1PE 3, 15)

Por otra parte, quiero referirme a algunos fenómenos de nuestra globalizada sociedad que provocan actitudes y acciones que afectan el comportamiento y modo de vida de las personas, especialmente de los jóvenes. Me refiero a las llamadas *"mega tendencias"*, grandes corrientes que moldean, aniquilan y confunden a las personas, muchas veces desviándolas en su búsqueda de misión y sentido de la vida. Pero, sobre todo, promoviendo un individualismo social que compite con nuestra naturaleza de vivir en comunidad.

Menciono algunas:

1 / La tendencia a la "acentuación" de la cultura juvenil.

Los valores y antivalores de esta cultura son transmitidos a través de 3 poderosos elementos: *la música, la moda y el culto a los héroes.*

La cultura juvenil no es el problema *"per se"*, el peligro es quedar *"condenados a la eterna juventud"* como un estado perenne de vida. Me explico. En nuestra sociedad podemos apreciar que:

- El *"culto"* a la juventud y lo juvenil se incrementa cada día. Parece que nadie quisiera ser adulto.

- Los modelos de hombre y mujer, las actitudes y proyectos que promueven y venden los medios de comunicación presentan *"la juventud"* como un don eterno.

- Hay una necesidad compulsiva de mostrarse y exhibirse. Un acomodo a los estándares de juventud que la sociedad estipula. Muestra de ello son: los concursos de belleza, *"shows"* de modas, prototipos deportivos, el culto al cuerpo, el modelo del joven empresario exitoso...

2 / La tendencia al deterioro social.

Estamos situados, hoy en día, en un contexto social que se deteriora y que ofrece a las personas pocas perspectivas para entrar en el mercado de trabajo. Una época caracterizada por el triunfo del capitalismo, el surgimiento de la era informática y del dominio de las corporaciones multinacionales. El nuevo rostro del capitalismo es el *"neoliberalismo"* y su palabra clave se llama AJUSTE (que significa que no todos caben). Una época en que...

<u>1</u>
El lucro lo decide todo.

<u>2</u>
Los políticos se corrompen con facilidad asombrosa para conseguir dinero.

<u>3</u>
El sector privado se esfuerza en que los gobiernos no regulen los mercados (se busca el máximo lucro sin control de leyes que protejan el medio ambiente, la salud, la seguridad y la protección ciudadana).

<u>4</u>
Las fuerzas desenfrenadas del mercado favorecen a los poderosos y marginan a los débiles (crece, de manera preocupante, la brecha entre ricos y pobres).

"Ricos cada vez más ricos, a costa de pobres cada vez más pobres".

{ Documento de Puebla - Marzo, 1979 }

El peligro de esta mega tendencia es que nos presenta *"pocas perspectivas para el futuro"*:

- Solamente las personas "altamente" formadas y especializadas podrán mirar el futuro con cierta confianza.

- Ante esta perspectiva los jóvenes, sobre todo de las clases populares, buscan otras salidas como: la violencia, la drogadicción, el crimen, el suicidio.
- Por otro lado, aumenta la influencia de sectas religiosas que ofrecen salidas milagrosas.
- Con el impacto de la pobreza y de la propaganda de consumo, el núcleo familiar se desintegra dejando fuertes cicatrices en la personalidad de los niños y jóvenes.

3 / TENDENCIA A LA GLOBALIZACIÓN.

La nueva tecnología produce un mundo cada vez más pequeño. El mundo se ha convertido en una *"aldea global"*, caracterizado por...

<u>1</u>
*La dominación creciente
de los medios de comunicación social.*

<u>2</u>
*Otra concepción del espacio y del tiempo,
donde los jóvenes son, a la vez, sus principales
protagonistas y sus principales víctimas.*

El lado positivo es la unificación de la familia humana, el acceso a la información y la facilidad de la comunicación. El peligro es *"perder la propia identidad"*. Se dan los siguientes fenómenos:
- Quien controla el "espectáculo electrónico" controla la dirección de la globalización.
- El concepto de democracia de que todos los ciudadanos participan de forma igual está siendo debilitado (cada vez más las elecciones de un país están siendo decididas por la publicidad).
- Aunque tiene sus ventajas y riquezas, la globalización compite contra la valorización de nuestro lugar, tiempo e identidad.

- La globalización no es solamente un modelo económico, sino que detrás de ésta subyace un modelo antropológico-cultural, y aún más, un modelo ético y estético.

La relación entre las personas de este *"pequeño mundo"* está cambiando: se habla ahora de la amistad y el amor cibernéticos. Detrás de estos nuevos medios de comunicación, tendremos que preguntarnos ante quién no nos veremos forzados a mentir para ser aceptados como somos, fuera de una identidad global.

4 / La tendencia a la subjetividad.

Ante la carencia de un proyecto universal de *"persona"* el hombre se refugia en la subjetividad, en la esfera privada y en el culto a la individualidad. En un narcisismo que dirige su atención al presente y a no posponer el gozo de los múltiples incentivos con que nos bombardea la sociedad consumista.

Antes, las generaciones eran más idealistas, ahora el sentimiento tiene mucho que ver con los compromisos personales asumidos.

Aquí se nos presentan dos peligros:

I. Personas sin dirección en la vida:
- Las relaciones frecuentemente son superficiales y poco profundas. La otra persona no es amada por sí misma, sino en la medida en que sirve para los intereses personales (la soledad se hace cada vez más profunda).
- Muchas personas, jóvenes, sobre todo, tienen dificultad para estar a solas, para hacer silencio interior, para estar en contacto con su "yo" más íntimo.
- El criterio de lo que es cierto o equivocado es mi sentir. Se trata de una cultura del placer. No se distingue entre la verdad y el error, entre el bien y el mal. Todo vale.

II. El sexo sin tabú:
- En el área de la sexualidad las personas, y de nuevo los jóvenes principalmente, tienen dificultad para

encontrar un cuadro de valores que pueda dar dirección a sus vidas.
- Se trata de una sexualidad que está cada vez más desligada del amor y del compromiso. Es como una droga que se utiliza cuando se tiene ganas.
- El sexo, que puede ser comunión, puede ser también aislamiento, dominación, falsedad y manipulación.
- El sexo desligado del amor y del compromiso conlleva el divorcio, la violencia, la violación y la soledad.

Por los medios de comunicación, sobre todo por el Internet, navegan sin ningún control, muchas veces irrumpiendo la privacidad de los usuarios, las ofertas más aberrantes que sobre el sexo alguien pueda imaginar. Las personas, adultos y jóvenes, están puestas en un camino donde no hay puntos de referencia seguros y que a veces puede llevar a enormes trastornos y sufrimientos en sus vidas. Decisiones tomadas en una situación pueden determinar la felicidad o la frustración para toda la vida. Un anuncio de televisión, ante una circunstancia dramática, terminaba con la siguiente sentencia: *"Si lo hubiéramos sabido..."*

5 / TENDENCIA A "LA VUELTA A LO SAGRADO".

En el contexto de la modernidad se hablaba de la "muerte de Dios". En los años 60 y 70 eran frecuentes las actitudes anticlericales y antirreligiosas: la "muerte de la religión". En los años 80 y 90 empezó a hablarse de la "muerte del hombre". A partir del 2000, en la cultura postmoderna, hay una sorprendente apertura hacia lo trascendente y lo sagrado, una vuelta a lo religioso.

Actualmente hay un despertar religioso de una generación que enfrenta la tarea de llevar una vida cotidiana que es compleja y contradictoria. Pero en muchos casos se trata de una religión superficial: muchas personas que están buscando razones para vivir, sin involucrase con una iglesia.

El peligro que conlleva esta tendencia es una *"espiritualidad light o aguada"*:

- Se trata de una vuelta a una religión privada, sin preocupación por las necesidades de los demás.
- Un nuevo espíritu religioso desvinculado de defender a los pobres y grupos marginados, de defender sus derechos y luchas para que haya las mismas oportunidades para todos.
- Muchas personas regresan a manifestaciones pseudo religiosas: ocultismo, horóscopo, astrología...
- Otras se refugian en sectas fundamentalistas donde las verdades son enseñadas de manera dogmática. En este caso, el costo es: el fanatismo y la eliminación del contenido de la fe.

←——————→

Un incidente acaecido en 1997 ejemplifica la tendencia trágica de la juventud a no distinguir entre el bien y el mal: Cuatro jóvenes de la clase media, en Brasilia (Brasil), decidieron salir de paseo en carro por la ciudad. En el camino pasaron por la estación de autobuses y vieron a una persona durmiendo en un rincón. Uno de los cuatro sugirió: *"Vamos a prenderle fuego"*. Se dirigieron hacia un puesto de gasolina y compraron un galón. Pasaron más de una hora en el carro, tiempo que podía ser suficiente para reflexionar sobre lo que iban a hacer y cambiar de idea. Llegando a la estación de autobuses, vertieron la gasolina sobre la persona que dormía y encendieron un fósforo. Personas que pasaban cerca intentaron apagar el fuego. Los 4 jóvenes huyeron. Después de tres días de insoportable sufrimiento, el hombre murió en el hospital.

El caso tuvo repercusión nacional e internacional, porque se trataba de un líder indígena llamado Galdino, quien después de una reunión con representantes del gobierno, seguida de una fiesta, había llegado tarde a su hospedería encontrando las puertas cerradas. Entonces decidió dormir en la estación de autobuses. Los periodistas preguntaron a los jóvenes por qué habían hecho eso. Uno de ellos respondió: *"Pensamos que era un mendigo"*. Ante esto cabe preguntarse: ¿Qué sistema de valores trasmitieron los adultos más cercanos a esos jóvenes? Para vivir es importante saber dónde está el *"verdadero norte"*. Si un avión sale hacia San Juan de Puerto Rico y equivoca su rumbo, puede llegar, tranquilamente, a la Patagonia en Argentina. Jesús se propone como norte, luz y camino hacia el Padre. Su Evangelio es la carta de ruta para quien quiere caminar seguro por la vida en una época en la que la cultura secular, con el poder de la técnica y los medios de comunicación, intenta programarnos para que la sustentemos.

Espero que este libro pueda servir de brújula al momento de tomar las opciones de vida más importantes. En el mismo presentamos algunos de los principios universales y atemporales que Cristo sacó de nuevo a la luz luego de que, a causa del crecimiento del mal en el mundo, muchos hombres y mujeres los habían dejado de vislumbrar.

Recorramos juntos esta aventura que intenta descubrir el *"tesoro escondido"*, el Reino con el que Jesús se identifica.

Te aseguro que encontrarás la misión que dé sentido a tu vida en la medida en que logres sincronizar tus proyectos personales con el Proyecto de Dios para ti.

"No existen cosas imposibles,
sino hombres y mujeres incapaces".

{ Padre Chuco }

0
¿Quién dijo imposible?

En la cima del Pico Duarte, a 3,098 metros de altura, Oliver lloraba. Cuando le pregunté qué le pasaba, me contestó: *"Mis padres me dijeron que nunca lo lograría, que llegar hasta aquí era para mí imposible, y ya lo ves, aquí estoy, más alto que nadie en las Antillas"*.

¿Ir desde la Capital hasta Pedernales en bicicleta? ¡Imposible! El Padre Chuco tenía que estar loco con esas ideas en la cabeza. Dos meses después, más de cuarenta ciclistas del bachillerato de La Salle y del Colegio Loyola se jactaban de su proeza: en cinco días, con sus bicicletas, habían recorrido los 670 kilómetros del trayecto ida y vuelta.

Acontecimientos como éstos hacen a las personas crecer y romper barreras, y quedan grabados en sus memorias para el resto de sus días.

¿Cuántas veces bautizamos como *"imposible"* algo que solamente es difícil de realizar, limitando así nuestras posibilidades de avanzar por la vida? ¿Por qué tantas veces usamos ese adverbio de tiempo *"nunca"* que pone fronteras al horizonte que *"el Dios de los imposibles"* ha abierto para nosotros?

Creo que sería interesante comenzar este libro tratando de descubrir qué cosas nos frenan en nuestro caminar hacia la misión que Dios nos ha encomendado.

Un letrero, colocado en un exitoso negocio, rezaba lo siguiente: *"Lo posible lo hacemos inmediatamente... lo imposible, nos toma un poco más de tiempo"*.

El Hno. Alfredo Morales solía decir que *"la fe es afirmar algo como posible, en el mismo momento y lugar que todos declaran que es imposible"*. La imaginación es la poderosa fuerza que Dios ha dado al hombre como primer paso para convertir los imposibles en posibles. Con la imaginación se puede hacer cualquier cosa. Walt Disney creó un imperio con tan sólo el poder de su imaginación. El acuñó esta frase:

IF YOU CAN DREAM IT, YOU CAN DO IT
SI PUEDES SOÑARLO -IMAGINARLO-, PUEDES HACERLO
WALT DISNEY

Mi hijo Carlos Daniel, a sus tres años, me enseñó un juego increíble. Mientras yo trabajaba en la pequeña oficina que tengo en mi casa, se acercó a mí y me extendió la mano simulando entregarme una moneda. Le seguí la corriente: al recibirla yo hice como que se caía, la recogí y guardé mi inexistente objeto en el bolsillo. Él sonrió, dándome de ese modo a entender que habíamos entrado en una silenciosa comunicación. Inmediatamente, hice rebotar una invisible pelota de baloncesto que Carlos persiguió entusiasmado. El zafacón hizo las veces de canasto, y así, entre lances que se fallaban y se acertaban, risas y movimientos, transcurrió cerca de una hora logrando uno de los juegos más divertidos de nuestra relación padre-hijo: sin gastar un centavo, sin romper ningún florero y usando sólo la imaginación.

←⎯⎯⎯⎯⎯→

Muchas veces el éxito de las personas radica, precisamente, en lograr cosas que a los demás les parecen inalcanzables o, al menos, muy difíciles de lograr.

El Dr. William James, distinguido profesor de psicología de la Universidad de Harvard, nos dice:

"SI USTED SE EMPEÑA EN ALCANZAR UN OBJETIVO, TRIUNFARÁ, SIN LUGAR A DUDAS. SI QUIERE SER RICO, SERÁ RICO. SI QUIERE APRENDER, APRENDERÁ. SÓLO QUE USTED DEBE DESEAR REALMENTE ESTAS COSAS, Y DESEARLAS EXCLUSIVAMENTE, SIN DESEAR AL MISMO TIEMPO OTRAS CIEN COSAS INCOMPATIBLES".

DR. WILLIAM JAMES

Por otra parte, Ralph Emerson, escritor y filósofo estadounidense, dijo lo siguiente:

"EL PODER QUE RESIDE EN CADA HOMBRE ES NUEVO EN LA NATURALEZA, Y NADIE MÁS QUE ÉL SABE QUÉ ES LO QUE PUEDE HACER; NI ÉL MISMO LO SABE HASTA QUE LO HAYA INTENTADO".

RALPH EMERSON

Parece ser evidente, dice el autor y maestro de vida dominicano don Luis García Dubus, que el denominador común de todas las personas de éxito es *"que lo han intentado"*. Pero lo han intentado de la siguiente manera:

- Seriamente, *"sin desear al mismo tiempo otras cien cosas incompatibles"*. No podemos pasar años comiendo como animales, sin ejercitarnos, fumando como locos, y luego pretender, por ejemplo, tener éxito en una excursión al Pico Duarte, aunque nos hayamos pasado la semana anterior entrenando y comiendo con moderación.

- Confiadamente, sabiendo que *"el poder que reside en cada hombre es nuevo en la naturaleza"*.

- Persistentemente. Cada fracaso con que los grandes hombres han sido probados, sólo ha servido para aumentar sus posibilidades de éxito en el próximo intento.

Thomas Alba Edison realizó unos 5,000 experimentos antes de crear la bombilla eléctrica. Una vez le preguntaron si no estaba desilusionado con tantos intentos terminados en fracaso, y él respondió: *"Muy al contrario; ahora estoy seguro de 3,000 maneras de cómo esto no funciona."* Por eso encuentro tan cierta esta paradójica frase:

"El secreto del éxito es éste: no hay ningún secreto en el éxito".

⟵⎯⎯⎯⎯⟶

Un día, una alumna me mostró una cajita en la que reposaba un pequeño punto negro que confundí con un sucio. Ella me sacó del error al decirme que era una semilla de mostaza que su mamá había traído de su viaje a Tierra Santa. En el capítulo 17, versículo 20, del Evangelio de San Mateo, leemos lo siguiente:

Él les contestó:
-Porque tienen poca fe. Les aseguro que si tuvieran una fe del tamaño de un grano de mostaza, dirían a esta montaña: 'Trasládate allá' y se trasladaría. Nada les sería imposible.

Mateo 17, 20

¿Se puede poner un ejemplo de la fe con algo más inverosímil?

Jesús nos dice que, de sólo tener fe como un grano de mostaza, pero fe seria, fe confiada y fe persistente, nada sería imposible para nosotros. Pero somos como una anciana que abrió el Evangelio y se encontró por primera vez con ese pasaje: se paró frente a una montaña, cerró los ojos y con mucha "fe y devoción" le pidió al monte que se moviera. Al abrirlos y ver todo tal cual estaba, exclamó decepcionada: ¡tú ves, yo sabía que eso era imposible!

Los evangelios hablan del poder de Dios para hacer posibles los imposibles del hombre:

"LO QUE ES IMPOSIBLE PARA LOS HOMBRES, ES POSIBLE PARA DIOS".
LC 18, 27
"PARA DIOS NADA HAY IMPOSIBLE".
LC 1, 37
"...PARA DIOS TODO ES POSIBLE".
MT 19, 26
"TODO ES POSIBLE PARA EL QUE TIENE FE".
MC 9, 23
"CREO (SEÑOR), ¡PERO AYÚDAME A TENER MÁS FE!"
MC 9, 24

¿Son posibles los "imposibles" del Evangelio?
¿Es posible...
...que se pueda ser feliz?
...que sean felices los que lloran?
...llegar a ser perfectos?
...que haya que morir para vivir?
...comer el cuerpo de alguien?
...nacer de nuevo?
...caminar sobre las aguas?
...calmar las tempestades?
...multiplicar panes y peces?
...volver a la vida un muerto?...

El siguiente relato evangélico narra la historia de un incrédulo ante lo más *"increíble"* que Jesús realizó:

¡LA RESURRECCIÓN!

Tomás, uno del grupo de los Doce, a quien llamaban *"El Mellizo"*, no estaba con ellos cuando se les apareció Jesús. Le dijeron, pues, los demás discípulos:
– Hemos visto al Señor.
Tomás les contestó:
–Si no veo las señales dejadas en sus manos por los clavos y no meto mi dedo en ellas, si no meto mi mano en la herida abierta en su costado, no lo creeré.

Ocho días después, se encontraban de nuevo reunidos en casa todos los discípulos de Jesús. Estaba también Tomás. Aunque las puertas estaban cerradas, Jesús se presentó en medio de ellos y les dijo:
- La paz esté con ustedes.
Después dijo a Tomás:
- Acerca tu dedo y comprueba mis manos; acerca tu mano y métela en mi costado. Y no seas incrédulo, sino creyente.

TOMÁS CONTESTÓ:
- ¡SEÑOR MÍO Y DIOS MÍO!
JESÚS LE DIJO:
- ¿HAS CREÍDO PORQUE ME HAS VISTO?
DICHOSOS LOS QUE HAN CREÍDO SIN HABER VISTO.

JUAN 20, 24-31

←⎯⎯⎯→

El enemigo de la fe
no es la duda, sino el miedo.

Si pusiéramos en interrogación la aseveración anterior: ¿por qué el enemigo de la fe es el miedo y no la duda?, tendríamos a dos eminentes hombres de éxito que nos responderían de la siguiente forma:

PORQUE...
EL MIEDO NACE CUANDO MUERE DIOS
EN LA CONCIENCIA DEL HOMBRE.

S. JUAN PABLO II

EXISTE UNA SOLA COSA A LA QUE
EL MIEDO LE TIENE MIEDO: LA CONFIANZA EN DIOS.

PROF. ANTONIO CUELLO

No me gustan las fórmulas, pero si existiera alguna *"receta"* para tener éxito en la vida sería la siguiente:

SUMA:
Oportunidad + Visión +
Capacidad + Decisión
... y obtendrás todo lo que buscas.

Los tres últimos ingredientes dependen del individuo; el primero hay que *"esperarlo"*. Por otra parte, oportunidad, capacidad y decisión parecen conceptos bastante claros, pero:

1
¿Qué es tener visión...?
>> Es no perder la dimensión del conjunto por el detalle. Cuando, para llamar la atención, pinto un punto en la pizarra y pregunto a los alumnos qué ven, nadie menciona lo más grande que tienen enfrente: la pizarra.

2
¿Qué es tener visión...?
>> Es saber hacia dónde mirar.
Mientras caminan hacia el Pico dos personas, una no deja de quejarse de las piedras y el lodo, y la otra, consciente de donde pisa, mantiene su mirada en el paisaje y el cielo.

3
¿Qué es tener visión...?
>> Es fijarse en lo que se tiene, antes que en aquello de lo que se carece. Mientras escuchaba un concierto del coro que se desarrollaba en el patio del colegio, sentado en la última fila, un maestro me tocó el hombro a la vez que decía: *"Qué fracaso, mira esos niños jugando y correteando allá en el fondo"*. A lo que respondí: *"Todo lo contrario, ¡qué éxito!, mira las personas delante de nosotros, atentas y extasiadas disfrutan de la presentación"*.

¿Afecta la *"visión"* la realidad objetiva en la que nos desenvolvemos? Quizá la siguiente dinámica pueda respondernos la pregunta:

1 / Primer Momento

Una persona debe correr a lo largo de una fila de mosaicos del piso (30 centímetros de ancho), sin salirse de ella.

2 / Segundo Momento

Si tuvieras que cruzar de un rascacielos a otro sobre una viga de acero de la misma anchura y longitud que la fila de mosaicos anterior, ¿cómo lo harías? Obvia la fuerza del viento, pero no la visión.

3 / Tercer Momento

Repite el primer ejercicio con los ojos vendados. Compara luego las tres situaciones.

Entre otras cosas, podemos concluir que la realidad objetiva (el ancho, la firmeza del camino, el espacio que tenemos que recorrer) es la misma. La diferencia está en la forma en que vemos y percibimos la realidad, y en cómo anticipamos las consecuencias. Por tanto:

La visión aporta confianza...
y la confianza aporta fe.

En su libro "ÁNIMO EN DOS MINUTOS", Luis García Dubus nos suministra una reflexión importante que sirve de colofón a nuestro tema:

Lo que me explicó el Dr. L. A. A., famoso oculista dominicano, es sorprendente: si a un niño recién nacido le tapan los ojos y le impiden ver la luz, al cabo de algunos años quedará irremisiblemente ciego, para toda su vida.

La razón es que el sentido de la vista se desarrolla por medio del contacto con la luz. Y si ese contacto no se produce, el sentido de la vista se apaga completamente y de manera definitiva.

En conclusión: es absolutamente imposible que un ciego de nacimiento vea. No valdría para nada trasplantarle unos ojos en perfecto estado. Ni aún así podría ver, puesto que su sentido de la vista no se desarrolló y ya no puede desarrollarse. Sin embargo, en el evangelio de Juan, cap. 9, vers. 1 - 41, aparece establecido con toda claridad y exactitud que el Señor le dio la vista a un ciego de nacimiento.

Lo dicen los padres de aquel hombre:
"Sabemos que ese es nuestro hijo, y que nació ciego".
Y lo dice él mismo:
"Jamás se ha oído decir que nadie le haya abierto los ojos a un ciego de nacimiento... Sin embargo, lo único que sé es que yo era ciego y ahora veo".
Juan, cap. 9, vers. 1-41

Que no me venga nadie ahora con aquello de *"efectos sicológicos"*. En este caso, el Señor realizó lo imposible. Aquel hombre que nunca había visto, vio. Vio árboles, vio animales, vio las cosas tal y como las vemos nosotros. Y aún así le faltaba ver algo mucho más importante: le faltaba ver al Señor.

Por eso el gran milagro se produce al final del evangelio, cuando aquel hombre se encuentra con el Hombre y le dice: *"Creo, Señor"*, y se arrodilla ante Él.

Digo que ese fue el gran milagro, porque fue entonces cuando el ciego adquirió *"los ojos de la fe"*.
¡Y eso es mucho más importante!

El Señor había dicho: *"Yo soy la luz del mundo"* (Juan 9,5). Los ojos del que había sido ciego vieron al Señor, y esa Luz le produjo de inmediato el desarrollo del sentido de la fe.

Con ese sentido el hombre podría ver no sólo las cosas naturales, sino las sobrenaturales. Podría ver más allá. Y podría ver *"un más allá"*.

Al igual que ustedes y yo, empezó a vivir una vida que ya no terminaría nunca.

La fe que le regaló el Señor le hizo ver la gran verdad. Y la gran verdad es ésta:

Lo QUE EL OJO NUNCA VIO NI EL OÍDO OYÓ,
NI EL CORAZÓN HUMANO IMAGINÓ,
ESO HA PREPARADO DIOS PARA LOS QUE LO AMAN.

1 Corintios 2,9

Creo bastante lógico que si cualquiera de nosotros es capaz de ir donde un oculista y confiar en lo que él nos dice, también podemos ir hoy donde el Señor y poner nuestra fe en Él.

Digamos con Santa Teresa de Lisieux:

Señor, quiero creer. ¡Ayúdame!

1
PRIMERA PARTE

EL PROYECTO PERSONAL DE VIDA

"No hacemos más en la vida que ir buscando el lugar donde quedarnos para siempre".
JOSÉ SARAMAGO

⟵——————⟶

Deja de buscar, pequeño pez.
No hay nada que buscar.
Sólo tienes que estar tranquilo,
abrir tus ojos y mirar.
No puedes dejar de verlo.

⟵——————⟶

1
Según busquemos, así encontraremos

"Si no sabes lo que buscas, probablemente encontrarás lo que no quieres".

Usemos de nuevo la imaginación. Estás concentrado leyendo este libro. De alguna forma, sin saber cómo, entras en un profundo sueño y al despertar te encuentras en una habitación desconocida. De inmediato surgen de forma espontánea en tu cabeza preguntas como éstas:

¿Dónde estoy? ¿Qué busco yo aquí?

Dice Juan Pablo II en su encíclica FIDES ET RATIO (Fe y Razón): "En el corazón de cada hombre surgen algunas interrogantes que superan las diferencias de culturas, raza o religión: ¿Quién soy?, ¿de dónde vengo y a dónde voy?, ¿qué hay después de la vida?"

¿No son éstas preguntas parecidas a las que nos haríamos en nuestro hipotético caso? Aquel sueño durante el que somos transportados a "otra habitación", ¿no podría también simbolizar el proceso de nuestra adolescencia?

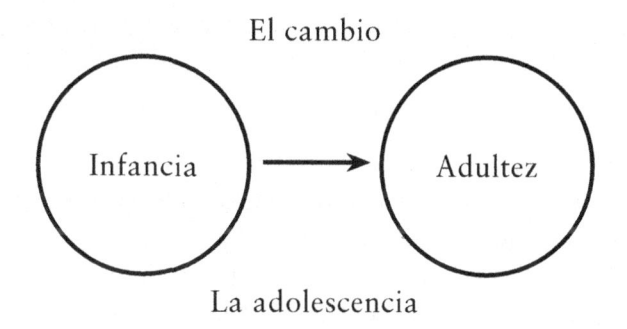

El cambio

Infancia ⟶ Adultez

La adolescencia

Existe en cada uno de nosotros una resistencia al cambio. Cuando nos sentimos seguros en un lugar, pensar en movernos de allí nos produce *"miedo"*. La adolescencia es el paso entre la niñez y la adultez. Una diferencia entre el niño y el adulto es la capacidad de formularse preguntas.

El infante todo lo acepta; la persona que madura todo lo interpela, pues sólo puede cuestionar el mundo quien se ha visto forzado a cambiar.

En nuestro ejemplo del cambio de habitación, creo que la pregunta fundamental que nos haríamos sería:

¿QUÉ BUSCO YO AQUÍ?

Del mismo modo en la vida, sucesión interminable de cambios, *"buscar"* es la palabra clave en todo el juego. Resistirse al cambio es resistirse a la vida. Es, en suma, renunciar a buscar: convertir nuestra naturaleza dinámica en una naturaleza estática como la de los edificios, como la de las piedras.

Existe mucha gente estancada a nuestro alrededor. ¿Por qué si todos *"buscamos"* en la vida nuestra misión, lo que ha de hacernos felices, poca gente encuentra lo que quiere?¿En qué radica el fallo de una búsqueda que no produce los resultados esperados? Desarrollemos, pues, alguna técnica que nos permita tener una búsqueda efectiva.

Establezcamos primero la diferencia entre dos palabras que tienden a confundirse y a usarse indistintamente, pero cuyos significados pueden llevarnos a lugares equivocados:

> lo efectivo y lo eficiente <

Si conduzco por una autopista bien pavimentada, con un control perfecto del consumo de combustible, siempre a la velocidad adecuada, en un carro nuevecito y del mejor modelo, y voy en dirección sur–norte por la autopista del Cibao para poder llegar cuanto antes a Higüey, en el Este... podría afirmar que manejo de una manera muy eficiente, pero nada efectiva.

En caso contrario, si el camino está lleno de hoyos, manejo con frenazos y acelerones, y mi automóvil es una chatarra, pero conduzco por la Autopista de Las Américas en dirección oeste – este para alcanzar el mismo destino, podría considerar que, aunque mi manejo no sea muy eficiente, es efectivo, y tarde que temprano llegaré a donde quiero.

Lo ideal sería trabajar siempre bajo condiciones de eficiencia y efectividad, pero la efectividad es indiscutiblemente un valor más alto que la eficiencia. Muchas personas planifican su vida para que sea fácil y cómoda, esto es, eficiente, pero al final de la misma se encuentran donde nunca quisieron o se imaginaron estar.

1ᴱᴿ· PASO

El primer paso para buscar de una manera efectiva nos lo define la siguiente anécdota: un barco perdido en medio del océano pedía ayuda desesperadamente por telégrafo para que lo condujeran a puerto seguro. Cuando la tripulación por fin encontró respuesta a sus llamadas de auxilio, se les requirió la ubicación del barco. Contestaron: *"Estamos perdidos, no sabemos dónde estamos"*. La respuesta que recibieron de tierra fue desilusionante: *"Si no saben dónde están, nosotros no sabemos cómo ayudarlos"*. Para salir a buscar lo que necesitamos, tenemos que saber primero dónde nos encontramos.

2ᴰᴼ· PASO

Lo segundo a tener en cuenta es que para la pregunta vital *"¿Qué busco yo en la vida?"* hay infinidad de respuestas, pero la respuesta que demos personalmente a esa pregunta puede marcar todo nuestro destino y la misma historia de nuestra existencia. Leemos en el Evangelio de San Juan:

AL DÍA SIGUIENTE, JUAN SE ENCONTRABA EN AQUEL MISMO LUGAR CON DOS DE SUS DISCÍPULOS.
DE PRONTO VIO A JESÚS QUE PASABA POR ALLÍ, Y DIJO:
– ESTE ES EL CORDERO DE DIOS.

> LOS DOS DISCÍPULOS LE OYERON DECIR ESTO Y SIGUIERON A JESÚS. JESÚS DIO MEDIA VUELTA Y, VIENDO QUE LO SEGUÍAN, LES PREGUNTÓ:
> -¿QUÉ BUSCAN?
> ELLOS CONTESTARON:
> -MAESTRO, ¿DÓNDE VIVES?
> ÉL LES RESPONDIÓ:
> -VENGAN Y LO VERÁN.
> SE FUERON CON ÉL, VIERON DÓNDE VIVÍA Y PASARON AQUEL DÍA CON ÉL. ERAN COMO LAS CUATRO DE LA TARDE".
>
> JUAN 1, 35-39

Y no sólo se quedaron con Jesús el resto del día, sino toda su vida, pues estos fueron dos de los grandes apóstoles del Señor, de los cuales todavía hoy hablamos, Andrés y Juan.

3ER. PASO

Buscar con resultados exige un tercer paso: Un día encontré en el aula a un joven de los que estudia por la noche. Buscaba desesperadamente la llave de su automóvil. Después de ayudarlo durante media hora en una búsqueda infructuosa, le pedí que reconstruyera el momento en que había perdido la llave. *"Bueno"*, me dijo, *"recuerdo que lloviznaba. Yo llevaba los libros en la mano y apretada entre ellos la llave. Sentí un ruido al correr, pero no me detuve, pues no quería mojarme"*. Asombrado le inquirí: *"Pero, ¿por qué no buscas primero cerca de donde estacionaste tu automóvil?"* Me respondió sin inmutarse: *"Es que aquí está más seco. Además, hay más luz"*.

El tercer elemento de una búsqueda efectiva es saber dónde tenemos que ubicarnos para encontrar lo deseado.

Además, para llegar a donde se quiere son necesarias tres condiciones:

1. Saber lo que se quiere.
2. Prepararse para lograrlo.
3. Tener actitud de búsqueda.

Finalmente, y con esto termina la técnica de búsqueda propuesta, el lanzarnos hacia nuestra meta implica tres cosas. Sólo puede hacerlo quien tiene:
1. Capacidad de riesgo.
2. Capacidad de esfuerzo.
3. Capacidad de humildad.

¿POR QUÉ CAPACIDAD DE HUMILDAD? Sigamos dejando que los relatos nos iluminen: Anochecía, y un peregrino que atravesaba el desierto se había resignado a la posibilidad de pasar una noche bien fría sin cobija. A lo lejos divisó un monasterio de los monjes que toman, entre otros votos, el de silencio. Se apresuró a acercarse, y al llamar a la puerta, le planteó su situación al religioso que le abrió. Éste llenó un vaso de agua hasta el tope, se agachó y, tomando una pequeña piedra, la dejó caer en el interior del recipiente. El vaso se rebosó. Quiso con esto decirle al caminante que el monasterio estaba repleto. Entonces el peregrino, que al parecer era muy humilde, tomó una hojita de hierba diminuta y la dejó reposar con mucho cuidado sobre la superficie del agua, sin que esta vez se desbordara. Impresionado, el hermano silente le hizo señas para que entrase.

El destino del hombre es BUSCAR. El hombre encuentra para seguir buscando:
> A sí mismo
> A los demás
> A Dios (Salmo 42)

Acerca de esa búsqueda de Dios, dice San Agustín:
"Señal de que lo he encontrado,
es que lo sigo buscando".

Y Jesús nos asegura en Mateo 7, 7-8: *"Busquen y encontrarán, llamen y Dios les abrirá, porque [...] el que busca, encuentra…"*

A manera de resumen, traemos estas historias que recopila Anthony de Mello en "EL CANTO DEL PÁJARO":

"Usted perdone", le dijo un pez a otro, "es usted más viejo y con más experiencia que yo y probablemente podrá usted ayudarme. Dígame: ¿Dónde puedo encontrar eso que llaman Océano? He estado buscándolo por todas partes sin resultados."
"El Océano", respondió el pez viejo, "es donde estás ahora mismo".
"¿Esto? ¡Pero si esto no es más que agua! Lo que yo busco es el Océano", replicó el joven pez, totalmente decepcionado, mientras se marchaba nadando a buscar en otra parte.

El joven discípulo se acercó a su maestro y le dijo:
– He estado buscando a Dios durante años. Dejé mi casa y he estado buscándolo en todas las partes donde Él mismo ha dicho que está: en lo alto de los montes, en el centro del desierto, en el silencio de los monasterios y en las chozas de los pobres.
– ¿Y lo has encontrado?, le preguntó el Maestro.
– Sería un engreído y un mentiroso si dijera que sí. No; no lo he encontrado. ¿Y tú?
Pero, ¿qué podía responderle el Maestro? El sol del atardecer inundaba la habitación con sus rayos de luz dorada. Centenares de gorriones cantaban felices en el exterior sobre las ramas de un enorme árbol cercano. A lo lejos podía oírse el peculiar ruido de la carretera. Un mosquito zumbaba cerca de su oreja, avisando que estaba a punto de atacar.

Y, sin embargo, aquel buen joven podía sentarse allí y decir que no había encontrado a Dios, que aún estaba buscándolo. Al cabo de un rato, decepcionado, salió de la habitación del Maestro y se fue a buscar a otra parte.

Me miró sonriendo,
yo permanecí impasible
mientras él metía un pie,
y luego el otro, en la bañerita.
De pronto, cuando menos
lo esperaba, salió de ella
y *se abalanzó sobre mí
con el abrazo más fuerte*
del que era capaz.

2
Primero lo primero

"Busquen primero el Reino de Dios y su justicia, y todo lo demás se les dará por añadidura". JESÚS

Llegué a mi casa con la cabeza llena de proyectos. Tenía asuntos importantes que resolver: cosas del trabajo, compromisos... Recuerdo que llevaba las manos cargadas de papeles y que subía las escaleras directo hacia mi oficina, cuando escuché un balbuceo infantil que intentaba llamarme. Carlos Daniel, de escaso año y medio, tenía otros planes para mí. Con su jerga infantil, adornada de explícitas señas, me hizo entender que quería que lo llevara a la terraza del techo de la casa. La situación me creó una disyuntiva: o mandaba al niño con alguien para que lo cuidara, o me dejaba llevar por él hasta descubrir en qué paraba aquello. Por alguna razón opté por lo segundo.

Me hizo abrir la puerta que daba a la azotea y sentarme en el suelo. Entonces empezó a correr por toda el área tirando al aire palillos de tender la ropa, hasta que descubrió su antigua bañera plástica llena de agua de lluvia. Me miró sonriendo, yo permanecí impasible mientras él metía un pie, y luego el otro, en la bañerita. De pronto, cuando menos lo esperaba, salió de ella y se abalanzó sobre mí con el abrazo más fuerte del que era capaz. Volvió luego al agua, y ahora se sentó con todo y pañal desechable. Luego de una hora de chapoteos, sonrisas y abrazos, lo saqué del agua.

Ahora me doy cuenta de que, aunque nunca recordaré los planes que tenía para ese día, el recuerdo de una mañana con mi hijo menor permanecerá imborrable por el resto de mi vida. ¿Qué era, entonces, lo más importante?

Muchas situaciones me han hecho ver cómo lo *"bueno"* (los compromisos, el trabajo...,) se opone, generalmente, a lo más importante.
Leí una vez en la prensa una entrevista con una persona que padecía un cáncer terminal. Una de las preguntas que le hacían me llamó especialmente la atención: *"¿Qué piensas tú ahora acerca de la muerte?"*
Pero lo que me sorprendió realmente fue la respuesta del entrevistado: "Mira, el problema no es morir o vivir, pues yo no lo decido. El asunto es que por bueno que haya sido, siempre pudo haber sido mejor".

Estamos en el momento
de hacer mejores las cosas que
constituyen nuestra vida.

*
¿Cómo hacer para poner
en primer lugar lo que debe de ir primero
en nuestras opciones de vida?

La mayoría de las veces, cuando alguien entra a un nuevo puesto de trabajo, trata de averiguar cómo se desenvolvía el que ocupaba anteriormente esa posición, para igualarlo o tratar de superarlo. Sin embargo, la experiencia demuestra que una estrategia más efectiva para alcanzar el éxito resulta de la combinación de la respuesta a dos preguntas:

*
¿Para qué soy yo bueno?
y ¿qué se necesita aquí?

Por otra parte, si queremos triunfar en la vida, debemos administrar correctamente nuestro tiempo. Es preciso que lo empleemos en actividades que en la posteridad nos hagan sentir satisfechos de habernos dedicado a ellas.
Los autores del libro *"Primero lo Primero"*, Stephen Covey y los esposos Roger y Rebecca Merrill, plantean que los dos factores primordiales que nos guían a elegir la manera de emplear el tiempo son la urgencia y la importancia. Si bien

ambos los tenemos en cuenta al actuar, el segundo es el paradigma básico bajo el que nos comportamos. Conocer y hacer lo que es importante, en lugar de simplemente responder a lo que es urgente, resulta fundamental a la hora de establecer nuestras prioridades.

*

¿Hasta qué punto lo urgente controla nuestra vida?

Pocas veces nos damos cuenta de qué forma poderosa influye la urgencia en la elección de las cosas que hacemos: el celular suena, y hay que responder; alguien llama a la puerta, y hay que abrirle; hay un examen al día siguiente, y hay que repasar. Pero el problema no radica en la urgencia en sí, sino en el que ella se convierta en un factor dominante. Cuando esto sucede, *"lo primero"* es siempre lo urgente.

Al conjugar estos factores que inciden en nuestra cotidianidad, podemos describir cuatro escenarios:

1ER. ESCENARIO

Primer escenario, formado por las cosas importantes y urgentes que abordamos, por ejemplo: actividades impostergables, emergencias médicas, crisis, oportunidades... Es donde nos desenvolvemos; hay que pasar tiempo en él. Ahí aplicamos nuestra experiencia y juicio para responder a muchas necesidades y desafíos que se nos presentan. Si lo pasamos por alto, nos enterramos en vida. Las situaciones que conforman este espacio actúan sobre nosotros y nos presionan. Lo llamo la zona para *"resolver"* lo que acontece en la cotidianidad.

2DO. ESCENARIO

Segundo escenario lo constituyen las cosas importantes, pero no urgentes, como: preparar exámenes y trabajos con tiempo, prever problemas y situaciones, clarificar los valores, oración y reflexión, verdadera recreación, compartir con amigos y familia, practicar deportes... Es la zona donde se construye *"la calidad de la vida"*. En él se puede planificar el futuro, anticipar problemas, prever situaciones, confiar en los demás y escucharlos de manera atenta y sincera. Aquí crecen las habilidades y los conocimientos, se desarrolla el cuerpo y se profundiza en el espíritu. Estas situaciones no actúan sobre nosotros presionándonos, sino que somos nosotros los que tenemos que actuar sobre ellas. Si lo pasamos por alto, sus actividades suelen *"mudarse"* al primer escenario, y aumentarlo de forma desproporcionada.

3ᴱᴿ· ESCENARIO

El tercer escenario está constituido por actividades urgentes, no importantes, algunas pueden ser: contestar o devolver ciertas llamadas telefónicas, atender a todas las redes sociales, muchas actividades populares y sociales que no aportan nada, reuniones de *"compromiso"* ... Es la zona *"del engaño"*. El ruido de la urgencia crea una importancia ficticia que nos hace movernos hacia ella. Pasamos mucho tiempo aquí para satisfacer las necesidades y prioridades de los demás y de la sociedad.

4ᵀᴼ· ESCENARIO

Finalmente, el cuarto escenario, conformado por actividades que no son urgentes ni importantes, como: conversaciones y llamadas telefónicas triviales, videojuegos, a veces el Internet, algunas películas y telenovelas, actividades de *"evasión"* ... Es la zona de *"la pérdida de tiempo"* por lo que no debemos pasar mucho tiempo allí. Solemos refugiarnos en él para huir de las presiones de los escenarios 1 y 3. Ese tiempo de evasión no representa la supervivencia, sino el deterioro. Posee el atractivo del algodón de azúcar: lo mismo que este dulce, pronto revela su inconsistencia.

Las Llamadas de Atención

Tomamos conciencia de que la búsqueda de lo importante se nos ha ido de la mano cuando:

> *Un ser querido muere.*
De repente ya no está, y nos culpamos de no haber compartido lo suficiente con él por estar absortos en otras cosas.

> *Peligra nuestra permanencia en el colegio por razones académicas o disciplinarias.*

> *Situaciones irreversibles, como una palabra hiriente mal dicha o un embarazo no deseado, nos ponen en aprietos.*

Algunas de estas situaciones de crisis nos hacen ver con claridad que lo que hacemos con nuestro tiempo no se relaciona con lo que consideramos importante.

Había una joven en un hospital. Tenía 23 años y dos hijos pequeños en la casa. Le acababan de informar que tenía un cáncer incurable. Mientras alguien le sostenía la mano y trataba de decirle algo que la aliviara, ella gritó: "*¡Daría cualquier cosa por ir a mi casa a cambiar un pañal sucio!*"

←――――→

Lo que sucedió ese día no me lo esperaba, el Hno. Pedro, Director General del Colegio, me abordó en el pasillo y, sin previo aviso, me lanzó la propuesta: *Ven a trabajar a tiempo completo en el colegio.*

Le repliqué: *Hermano, lo que actualmente me paga mi empresa es justo lo que necesito para vivir y mantener dignamente a mi familia, ¿podrá la institución igualar ese salario?*

Ven esta tarde a mi oficina y negociamos, contestó.

Como solemos decir, "*puso la pelota en mi cancha*":

Ser empresario "*versus*" ser educador, ¿qué pongo de primero y qué de segundo en el plano laboral? Mi compañía iba bien, pero luego de 5 años dando clases ya sabía lo que significaba ser maestro. Apelé al siguiente razonamiento: *tengo 40 años de edad en este momento, y puedo estimarme 25 años más de vida útil:*

OPCIÓN 1: *Dedico los primeros 20 años a la "seguridad" que ofrece la empresa que presido y los últimos 5 los entrego de lleno a lo que más me satisface y valoro.*

OPCIÓN 2: *Pongo los próximos 25 años que tengo por delante y los entrego a lo que considero la misión más importante y plena; y a mi otra labor le dedico el tiempo que me quede libre.*

Ya saben cuál fue el camino escogido y no me arrepiento. No es que haya sido fácil; pero no me he *"aburrido"* un solo día y las experiencias acumuladas han sido plenas e invaluables. Tiemblo al pensar lo que hubiera perdido al ceder a las presiones de las *"urgencias"* sociales para vivir una seguridad *"ficticia"*. Han pasado 4 años más del tiempo que me establecí, y sigo campante afrontando los retos de la educación a través de un centenar aproximado de estudiantes que entran cada año en mi biografía.

LA OFERTA DE JESÚS ES EL REINO

Alguien me transmitió un concepto de la Salvación muy interesante. Planteaba que Dios nos envió a su Hijo para restablecer el orden primero con que había creado al mundo y a la humanidad, pero que el mal imperante por el egoísmo del hombre, empeñado en ponerse por encima de todos y de todo, había vuelto la creación al caos. Por eso mataron a Jesús los que invocaban y producían el desorden para *"pescar en río revuelto"*, e imponer su prioridad de mantenerse en la cúspide de la pirámide social oprimiendo a sus semejantes más débiles.

Para Jesús, lo importante es el Reino y la justicia que le es inherente. Si traemos a colación nuestro libro anterior, *"El Sentido de la Vida"*, nos daremos cuenta de que toda la misión de Jesús se centra en ello. La proclamación del Reino y sus implicaciones se convertirán en el anuncio de la Buena Noticia:

1 / Un Reino que está
vinculado a su figura.
2 / Un Reino que llega para todos
y que llega en forma gratuita.
3 / Un Reino cuyos primeros
destinatarios son los pobres.

Para referirse al Reino Jesús utiliza, entre otras formas, las parábolas. Al analizar y relacionar las parábolas cortas y bien descriptivas *"El Tesoro Escondido"* y *"El Comerciante de Perlas"*, podemos extraer conclusiones precisas relacionadas a lo que nos oferta Jesús como lo más importante para Él.

"Sucede con el reino de los cielos lo mismo
que con un tesoro escondido en el campo:
el que lo encuentra lo deja oculto y,
lleno de alegría, va, vende todo lo que tiene
y compra aquel campo.
También sucede con el reino de los cielos
lo mismo que con un comerciante
que busca perlas finas, y que,
al encontrar una de gran valor,
se va a vender todo lo que tiene y la compra".

Mateo 13, 44-46

En ambos casos el encuentro es fortuito y gratuito.

En las dos situaciones los personajes salen de sus casas en ¿búsqueda de algo? y se encuentran con el tesoro y la perla.

Cambian los planes de las personas que han hecho el hallazgo. Éste les produce una gran alegría y los mueve a vender todo lo que tienen con tal de alcanzar lo encontrado. Es decir, hace relativo todo lo demás (añadiduras).

"A quién
*entregas tu tiempo,
entregas tu vida;*
y a quien
entregas tu vida
se convierte en tu Dios".

3
El proyecto de vida

"Sin jardinero no hay jardín".

Ahora podemos hablar de algo que está íntimamente relacionado con la búsqueda:
Un proyecto es una serie de ideas y pasos que persiguen una meta u objetivo. Es una búsqueda programada, y como tal, para alcanzar su objetivo, deberá observar todas las características de la búsqueda efectiva tratadas anteriormente. Sólo se proyectan las cosas que tienen relativa importancia. Nadie pierde su tiempo en planificar u organizar lo que no envuelve un interés personal motivador. Entonces cabe preguntarnos: *¿qué es lo más importante que tenemos?* La propia vida. Sin ella todo pierde significado. Enferma la vida y se anulan nuestros deseos. Tiembla la vida y todo se derrumba. ¡Es en nuestra vida donde existen las oportunidades de ser feliz y los logros! Si planeamos tantas actividades insignificantes, ¿por qué no planificar también algo tan relevante como la propia existencia? Éste es un buen momento para plantearnos algo que podríamos llamar:

"El Proyecto de Vida"

¿Por dónde empezar con un tema tan vital? En los programas informáticos, encontrar los aspectos elementales de un problema complejo es el primer paso hacia su solución. Así pude, en la universidad, ser el único capaz de programar un calendario bisiesto. Me había roto la cabeza durante horas hasta que unas ideas sencillas me revelaron el proceso de programación.

Años más tarde, cuando tuve que hablar a mis alumnos sobre la vida, me fijé como meta encontrar *"lo elemental"* de algo tan complicado, y esto fue lo que salió:

META
¿Cuál elegir?

CAMINO
¿Cómo asumirlo?

YO
¿Quién soy?

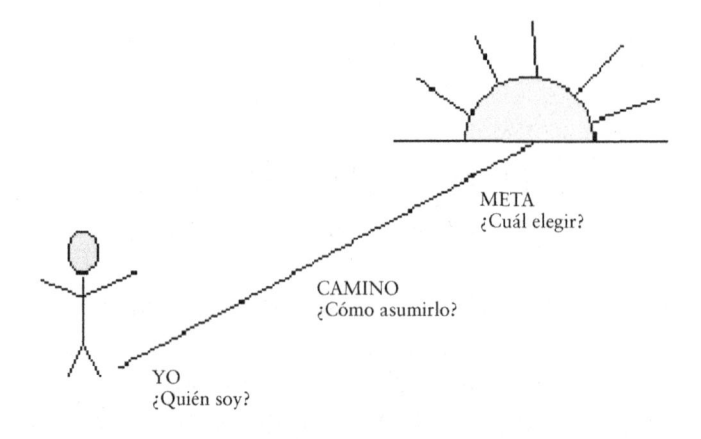

El dibujo anterior muestra el esquema básico de cualquier *"Proyecto de Vida"*. Lo elemental siempre nos sirve a todos como punto de partida. Tenemos aquí tres elementos simples e indispensables para que pueda existir un *"proyecto"*; si faltara uno de ellos estaríamos frente a otra cosa diferente a lo que entendemos por un proyecto real: se trataría entonces de un sueño, una quimera o un deseo vano.

El YO

El YO es el principio y fundamento de todos los otros elementos: enfermo el YO, muerto el YO, desmotivado el YO; el proyecto a su vez estará vacilante, muerto o poco atrayente. El YO es el ejecutor y beneficiario último, y por quien tiene sentido el proyecto.

El CAMINO

El CAMINO es la realidad sobre la que se asienta el YO. Es el espacio sobre el que se vive y se desarrolla el proyecto. Lo constituyen el tiempo, el lugar y las circunstancias que condicionan al YO.

La META

La META es la que da sentido al proyecto. Es el punto de referencia para evaluar su avance. Sin ella como norte no podemos ubicarnos.

A cada elemento del proyecto de vida le corresponden preguntas vitales:

YO:
¿Quién soy? ¿Qué busco en la vida? ...
CAMINO:
¿Cómo asumirlo? ¿Cómo estoy buscando? ...
META:
¿Cuál elegir? ¿Dónde la estoy buscando? ...

Las respuestas (diferentes para cada uno) que demos a estas preguntas vitales (iguales para todos) determinarán el destino de nuestras vidas.

Son estas tres partes las que conforman necesariamente todo proyecto. Por eso las vamos a estudiar y a desarrollar más adelante, de manera que podamos programar y planificar de forma efectiva lo que queremos de la vida.

Jesús mismo se propone como modelo de proyecto. Su persona engloba en sí misma todos los aspectos del proyecto. En Juan 8, 12 nos dice:

"YO SOY LA LUZ DEL MUNDO,
EL QUE ME SIGA NO CAMINARÁ A OSCURAS,
SINO QUE TENDRÁ LA LUZ DE LA VIDA".
MÁS ADELANTE, AL CONTESTAR
LA INQUIETUD DE TOMÁS DE
"¿CÓMO VAMOS A SABER EL CAMINO?",
JESÚS RATIFICA:
"YO SOY EL CAMINO, LA VERDAD Y LA VIDA.
NADIE PUEDE LLEGAR AL PADRE, SINO POR MÍ".

JUAN 14, 6

Existen dos parábolas muy descriptivas y explícitas que podemos aplicar a este tema, como advertencia de la importancia de lo que vamos a tratar en los próximos. Analicémoslas:

"SI UNO DE USTEDES PIENSA CONSTRUIR UNA TORRE,
¿NO SE SIENTA PRIMERO A CALCULAR LOS GASTOS
Y VER SI TIENE PARA ACABARLA?

No sea que, si pone los cimientos
y no puede acabar, todos los que lo vean
comiencen a burlarse de él, diciendo:
Éste comenzó a edificar y no pudo terminar".
Lucas 14, 28-30

"El que escucha mis palabras
y las pone en práctica, es como aquel hombre
prudente que edificó su casa sobre roca.
Cayó la lluvia, vinieron los torrentes,
soplaron los vientos y arremetieron
contra la casa; pero no se derrumbó,
porque estaba cimentada sobre roca.
Sin embargo, el que escucha mis palabras
y no las pone en práctica,
es como aquel hombre necio
que edificó su casa sobre arena.
Cayó la lluvia, vinieron los torrentes,
soplaron los vientos, se chocaron
contra la casa, y ésta se derrumbó.
Y su ruina fue grande".
Mateo 7, 24-27

4
El "YO" interior

*"No tiene mérito ser piedra,
animal o ángel, porque ellos ya son
para lo que fueron creados, sin embargo,
el hombre tiene que llegar
a lo que tiene que ser".*

El Veneno Publicitario

Con este sugestivo titular, apareció un artículo en un periódico de circulación nacional, que en términos generales decía lo siguiente: El Centro Estadounidense para la Ciencia en el Interés Público señaló que el incremento de problemas de salud entre los hispanos residentes en Estados Unidos se debe en parte a las campañas masivas de la industria del alcohol, el tabaco y los productos de poco valor alimenticio.

Un documento de cien páginas denominado *"Mercadotecnia de las Enfermedades de los Hispanos"* y elaborado por esa entidad privada no lucrativa que trata de proteger la salud de las minorías, señala que los núcleos hispanos de ese país constituyen uno de los principales objetivos de dicha industria para la promoción de consumo de sus productos.

Revela que el alto índice de enfermedades como el cáncer, la diabetes, el alcoholismo, la obesidad y otros problemas de salud entre la población hispana, están vinculados al consumo de cigarrillos y bebidas alcohólicas.

El congresista demócrata por California, Matthew Martínez, comenta que es particularmente grave la perversa influencia que la publicidad del alcohol y el tabaco ejerce sobre los hispanos, especialmente entre los jóvenes.

Ante la realidad que nos reseña el informativo anterior, Maite Melendo, autora del libro "COMUNICACIÓN E INTEGRACIÓN PERSONAL", nos propone:

Tenemos que conocer quiénes somos y qué queremos, para que no sean las demandas políticas o sociales las que determinen quiénes somos y qué queremos. Se impone entrar en nuestro interior y, desde el propio conocimiento, comunicarnos con el entorno social o político exterior.

El hombre es un ser *"inacabado"*. Tiene que llegar a ser lo que tiene que ser a diferencia de los animales y otros seres creados. Por lo tanto, tiene necesidades en todos los órdenes de su existencia. Y son estas necesidades las que determinan su conducta. Podemos plantear someramente que:

1 / El hombre se mueve (busca) según sus necesidades

Sean éstas:
- **físicas:** siente frío y busca abrigo, siente hambre y busca qué comer, se siente cansado y busca descanso;
- **intelectuales:** siente curiosidad e investiga, busca información;
- **o emocionales:** siente soledad y busca amigos, siente tristeza o alegría y busca con quien compartirlas.

Aquellos que *"no necesitan nada"* terminan estancándose en la vida. Y la diferencia entre una persona estancada y otra enterrada es sólo... *"la profundidad del hoyo"*.

2 / El hombre es manejado (manipulado) a través de sus necesidades

Tenemos necesidades reales y necesidades creadas. Dentro de las reales, podemos distinguir las básicas (agua, alimento, afecto, etc.) y otras complementarias que se refieren a cómo se presentan las básicas para cada individuo o sociedad. Así, no deseamos cualquier agua, sino agua purificada, ni deseamos el afecto de cualquiera, sino el afecto de los nuestros. Por otra parte, el confort, la moda, los vicios y ciertos criterios sociales son ejemplos de necesidades creadas que otros han inducido en nosotros. Citemos el artículo que encabeza la unidad: el vicio de muchos, inducido por la publicidad, deja cuantiosas ganancias a unos pocos.

LOS SERES HUMANOS EXPERIMENTAMOS TODO EN DOS NIVELES DE VIDA. EXISTIMOS, NOS COMPORTAMOS DE CIERTA MANERA Y RECIBIMOS LA INFLUENCIA DEL EXTERIOR, COMO LOS ANIMALES E INCLUSO LAS MÁQUINAS, PERO A DIFERENCIA DE ELLOS TENEMOS CONCIENCIA DE LO QUE NOS ACONTECE.

Y no sólo *"nos sabemos"*, sino que podemos elegir cómo sentirnos acerca de nosotros mismos, esto es, aprobar o desaprobar lo que somos y hacemos. Frente a un mismo hecho, como habernos despertado temprano, podemos alegrarnos al pensar que podremos hacer muchas cosas ese día o sentirnos molestos al pensar que tenemos mucho sueño y que el condenado sol pudo haber salido más tarde. De esa forma sufrimos la vida o la disfrutamos.

Estos dos niveles, el *"ser-hacer"* y *"la conciencia que aprecia"*, conforman la estructura de la persona humana. Es sano quien está en salud en ambos niveles.

Es el nivel emocional o interior el punto donde se cultivan la felicidad o la infelicidad, la dicha o la desdicha. Sin la conciencia el hombre no podría ser feliz o infeliz. No podría sentir angustia, soledad, vacío o tristeza, pero tampoco felicidad.

El hombre es la suma de lo que ES, más aquello que SIENTE acerca de lo que es y hace.

1ER. NIVEL	2DO. NIVEL
Ser	**Sentir**
▼	▼
Nivel Físico o Biológico: lo que el hombre es y hace, la parte retratable de su persona.	*Nivel Emocional o Interior:* nivel de la conciencia, del yo interior de la persona. Lo que el hombre siente acerca de lo que es y hace.

La Autoimagen

El Doctor Maxwell Maltz (médico cirujano estudioso de la sicología humana) concibe la voz de la conciencia que aprueba y desaprueba, como la imagen que el hombre tiene de sí mismo.

Su experiencia como cirujano plástico lo llevó a darse cuenta de que al cambiar el rostro de un paciente, cambiaba también toda su personalidad y forma de reaccionar ante la vida.

Esto lo hizo pensar que el rostro interior, la autoimagen o la imagen que cada quien tiene de sí mismo era el factor más decisivo en la felicidad, el éxito y la simpatía de las personas.

Se cuenta de un mendigo al que encontraron muerto, recostado del portón de una gran mansión. Había fallecido de hambre y de frío. La beneficencia pública recogió el cadáver y en la morgue, al revisar sus pobres posesiones, cayeron en cuenta de que llevaba entre sus harapos un pedazo de papel doblado en ocho partes. ¡Sorpresa! Resultó ser un billete premiado en un sorteo reciente, con un monto de dinero suficiente para resolverle ampliamente todas sus necesidades por mucho tiempo. Obviamente, el infeliz pordiosero no se había percatado de ello. ¿Cómo habría llegado el billete a sus manos? ¡Quién sabe! Lo habría adquirido con sus limosnas...

quizás lo encontró en la calle... Lo que sí podemos afirmar es que siendo potencialmente "rico", vivió sus últimos días y murió como lo que él creyó que era: un hombre miserable.

Quien no sabe lo que es, vivirá como lo que no es.

De la misma manera, el hombre no puede hacer más de lo que cree poder hacer. El hombre dirige su conducta desde un centro o núcleo personal, que es el "**YO interior**" del que ya hemos tratado algo. Toda certeza o duda que afecte ese centro, afecta también toda la vida y conducta del hombre. En ello radica el misterio que el profesor Fernando Teruel no me reveló sino quince años después del suceso:

Yo realizaba un trabajo de ingeniería. El televisor estaba encendido y transmitían un partido de baloncesto de los **JUEGOS JUVENILES CENTROAMERICANOS Y DEL CARIBE.** *En éste se definían los equipos que el próximo año participarían en el* **MUNDOBASKET JUNIOR 83,** *en Palma de Mallorca, España. Acostumbrado a que nuestro país fuera barrido en las competencias internacionales, ponía escasa atención a la transmisión hasta que el comentarista deportivo aclaró que se trataba de un juego final entre Puerto Rico y República Dominicana, en el que los dos países se disputaban la medalla de oro, y que habíamos llegado hasta allí ¡invictos! derrotando a las demás potencias del área.*

Levanté la cabeza asombrado y ya no pude concentrarme en lo que hacía. República Dominicana luchaba cerradamente por el primer lugar en unos juegos de importancia, cuando un joven alto, de nombre Tito Horford, que no se había destacado durante el primer tiempo, jugando de forma extraordinaria llevó al equipo dominicano a alzarse con la presea dorada.

Fernando Teruel, uno de los mejores técnicos deportivos de nuestro país, había sido el dirigente del equipo campeón. Ahora, como director de sección del colegio para el que trabajo, me confesó que en el receso entre ambos períodos, reunido con sus jugadores, se concentró de una manera especial en Tito, que era, por cierto, el jugador más alto de ambos equipos. Lo motivó, recordándole sus logros durante el torneo; lo convenció de que el equipo lo necesitaba más que nunca en ese momento y le dijo que confiaba en él, afirmándole que estaba seguro de que poseía todas las condiciones para conducir el equipo al triunfo.

El indetenible jugador que salió a la cancha luego del receso, en nada se parecía al del inicio del partido, y mientras realizaba jugadas extraordinarias que mantenían arriba a nuestro equipo, yo pegaba gritos y brincos de alegría, sin comprender muy bien lo que parecía un milagro.

¿Cuál es la *dimensión de tu fe*
en ti mismo?
¿Qué *sientes* acerca de ti mismo?
¿No estará ahí la razón oculta e ignorada
de tus sufrimientos y fracasos?
¿Qué ideas te deja el mensaje
hasta aquí tratado?

"*La alegría* es la conciencia
de un don que se posee.
La gratitud es la conciencia
de que ese don es
recibido de otra persona".

5
La Mejor Autoimagen

¿Crees que puedes? ¿Crees que no puedes?
En ambos casos tendrás razón.
HENRY FORD

Hablemos más de aquel "**YO INTERIOR**" con el que el Señor cuenta. Es a éste al que Sócrates hace referencia en su *"¡Conócete a ti mismo!"* Es en ese **YO PROFUNDO** en el que somos *"imagen y semejanza"* de Dios, y es desde ese YO, precisamente, desde donde podemos relacionarnos con Él.

El tema de la autoimagen tiene aquí especial relevancia, puesto que el gran problema de los seres humanos no consiste tanto en la desconfianza frente a Dios y su Proyecto, como en la fe que ellos tienen en sí mismos.

Sólo quien cree en sí mismo, esto es, se autoacepta, puede sentirse merecedor de las promesas que Dios ofrece.

Conocí, a través de un programa internacional de televisión, un ser humano con los atributos que cualquier persona, a la que el "genio" de una lámpara mágica le concediera lo que deseara, pediría para sí o para un ser muy querido. La presentadora era: hermosa, joven, inteligente, simpática, popular, independiente... Cuán grande fue mi sorpresa al enterarme por una escueta noticia del periódico que la joven se había suicidado el día anterior. Especulaba el redactor del informe, como posible causa, un rompimiento reciente con su pareja. Lo que objetivamente podemos afirmar es que dicha persona tenía una pobre autoimagen y que no se aceptaba a sí misma.

¿Qué significa Autoaceptarse?

La Autoaceptación es la raíz de la alegría, la simpatía y la eficiencia humana. Se autoacepta quien tiene una imagen positiva de sí mismo y se ama profundamente.

Algunas personas confunden el amor propio con el egoísmo. El gran sicólogo Erich Fromm refuta esta idea:

"*El egoísmo no se identifica con el amor de sí, antes al contrario, se opone. El egoísmo es una especie de avidez; y como toda avidez, implica insaciabilidad y, en consecuencia, continua insatisfacción. La avidez es como un saco sin fondo que acaba por extenuar a la persona que inútilmente se esfuerza por llenarlo. La persona egoísta siempre está angustiada respecto a sí misma; nunca puede estar satisfecha; siempre está ansiosa; llevada siempre por el miedo de no lograr nunca bastante, de perder algo, de verse privada de algo... Está abrasada de envidia hacia cualquiera que tenga más... Esta persona no está básicamente contenta o satisfecha de sí, sino profundamente descontenta. El egoísmo está arraigado en esa falta de aceptación de sí. El narcisismo, como el egoísmo, es una compensación de la falta de verdadero amor de sí. Esa persona no ama ni a sí mismo ni a otros*".

Cristo resumió su doctrina en el amor.

Si lejos de ser lo mismo que el egoísmo, la autoaceptación es un requisito para el amor, no puede ser buen cristiano quien no se acepta, quien piensa pobremente de sí.

El creyente sabe que, como parte de la creación, él mismo es un don de Dios. Ello le produce un sentimiento de autocelebración que se transforma en gratitud y alabanza hacia su Creador. Este es el espíritu y el sentido de la oración cristiana.

El hombre que cree carecer de todo don no es humilde, sino pusilánime.

La alegría es la conciencia de un don que se posee. La gratitud es la conciencia de que ese don es recibido de otra persona. Alguien que constantemente está triste es alguien que no se concibe como un don en sí mismo, y por tanto, no puede estar agradecido de Dios. Se dice, por cierto, que *"un cristiano triste es un triste cristiano"*.

En virtud de una falsa humildad, se nos ha inculcado que lo correcto es vivir en un estado de inconformidad permanente. Nuestra educación nos hace parecer una loca ocurrencia el hecho de una autocelebración o autofelicitación. Desde pequeños hemos asimilado la cultura de la prohibición, una cultura que nos hace centrarnos más en nuestros fallos que en nuestros logros. Al corregir los trabajos escolares, se resaltan con rojo los errores. En la calle, la mayoría de las señales de tránsito contienen prohibiciones. Antes de saber exactamente lo que significa *"papá"*, el niño tiene bien claro lo que significa la palabra NO.

Como reacción pendular, en los últimos años se ha desatado en ciertas familias y estamentos sociales una cultura de permisividad, del SÍ a todo, de apoyo irrestricto a lo que el niño desee; pero es absolutamente cierto que necesitamos, para nuestra sana formación y el desarrollo de la voluntad y el auto control, tanto de los SÍ como de los NO justificados: los primeros nos hacen avanzar por la vida, los NO evitan que nos desviemos del camino.

Recordemos, el hombre experimenta el mundo en dos niveles de vida. El ser humano es la suma de lo que es objetivamente más lo que él cree que es:
- uno no puede ser grande, sintiéndose pequeño;
- no puede ser útil, sintiéndose un inútil;
- no puede ser simpático, sintiéndose antipático;
- no puede ser agradecido de Dios, sintiéndose un indotado.

Entonces, ¿no es contraproducente nuestra cultura?

La Autoimagen del Cristiano

La autoimagen que el Dr. Maltz descubrió no es una idea aislada que alguien tiene sobre sí, sino todo un conjunto de creencias relacionadas, de manera que un elemento que no encaje en el conjunto no es percibido por el sujeto.

Aquél que siente que nadie lo ama, jamás será capaz de detectar un acto de amor que le ofrezcan los suyos, y sin embargo, estará pendiente de la mínima muestra de rechazo o indiferencia que dejen escapar los otros para justificar su autoimagen. Dicho de otra manera: *El hombre actúa de modo que su conducta se corresponda con su autoimagen, y termina confirmando esa misma autoimagen.*

Tomemos un ejemplo concreto: un estudiante se cree sin cualidades para el estudio, no hace un esfuerzo serio pues estima que no valdrá la pena, no logra concentrarse, obtiene malos resultados y confirma lo que siente de él mismo.

¿CÓMO ROMPER ESTE CÍRCULO VICIOSO?

Conversión. La palabra clave nos la da el cristianismo. Cuando hablamos de conversión nos referimos a descubrir nuestra autoimagen, ver honradamente si se corresponde con la realidad y, según lo hallado, transformarla. Convertirse no es volverse otra cosa, sino volverse más uno mismo.

Sólo si te sientes simpático, amable, colaborador, servicial, podrás actuar externamente en consecuencia.

Los cristianos tenemos la mejor autoimagen del mundo: ¡HIJOS DE DIOS!

> Para poder salvar, aceptar y amar al otro, tenemos primero que salvarnos, aceptarnos y amarnos a nosotros mismos.

Jesús lo dijo de la siguiente manera: *"Ama a Dios sobre todas las cosas y al otro como a ti mismo…"* Nosotros somos la medida de nuestro amor. No amarnos primero es no amar a los demás, y quien no ama a los demás es incapaz de amar a Dios, *"a quien no ve"*.

Las Dos Curvas Existenciales

El hombre nace, crece, se desarrolla, madura, envejece y muere. Comienza su vida con un enorme potencial dinámico que, a medida que envejece, se desgasta. Este potencial es la curva biológica del ser humano y se caracteriza por una pérdida progresiva e irreversible de material energético. Ya el niño es suficientemente viejo para morir. La muerte no llega desde fuera o al final de la vida biológica: coincide con la vida. El hombre va muriendo a plazos; cada segundo, cada minuto, suponen algo de vida que se ha gastado.

La vida del hombre es una vida mortal o, si se quiere, una muerte vital, y sin embargo, el hombre no se agota en ese designio. Todo lo contrario; existe en él otra curva de vida, la personal, la del Yo interior. Ésta se desarrolla de manera inversa a la precedente: comienza pequeña como un germen y va creciendo indefinidamente. El hombre crece en su interior: florece su inteligencia, se perfila su voluntad, afloran sus emociones y abre su corazón al encuentro del otro.

Si el hombre biológico está centrado egoístamente sobre sí (defenderse contra las enfermedades, luchar por la vida, etc.), el hombre interior se abre en la donación de su persona. Yendo al encuentro de los demás es como construye su personalidad. Cuanto más logra estar en los otros, tanto más está en sí mismo, se hace persona y crece.

La curva biológica del hombre decrece hasta acabar en la muerte. La curva personal puede crecer indefinidamente hasta que el ser humano alcance su plenitud.

El hombre concreto es la unidad de las dos curvas existenciales. Por un lado se centra sobre sí mismo, aferrándose a la vida biológica. Por otro, se descentra de sí y busca un otro y un encuentro con las diversas realidades.

La tradición filosófica de occidente ha llamado a esta situación humana *"cuerpo y alma"*. Con esto no quiere decir que en el hombre existan dos cosas, *"cuerpo"* y *"alma"*, que unidas den origen al hombre. Cuerpo es el hombre completo, en cuanto a que está limitado por las estrecheces de la situación terrena. Alma es el hombre completo, en cuanto a que posee una dimensión que se proyecta hacia el infinito, un tropismo (movimiento creciente de ascensión debido a un estímulo externo, por ejemplo, el fototropismo de las plantas) hacia la realización plena.

La vida biológica se va consumiendo día a día, pero dentro se va moldeando otro tipo de vida, la de la persona y la interioridad consciente, que no se consume con la vida biológica, todo lo contrario: tiende a desarrollarse cada vez más y abrirse a horizontes cada vez más amplios.

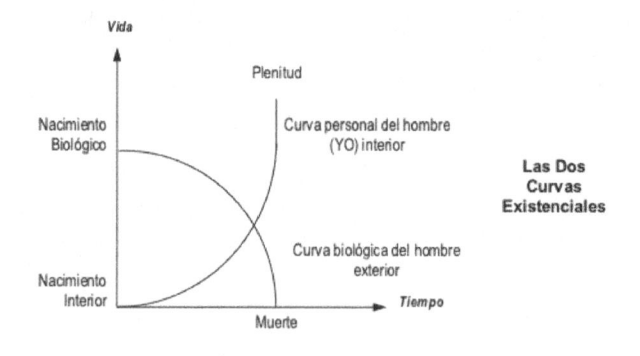

Las Dos Curvas Existenciales

"Aunque el hombre exterior se está destruyendo, nuestro hombre interior se renueva de día en día".
2 Corintios 4, 16; versión Dios Habla Hoy

6
La Vida es un Camino

"No sólo es importante el objetivo; también lo es la forma en que tratamos de alcanzarlo".

Empezábamos la universidad y cada uno quería desde ya ser el mejor. Destacarse en las calificaciones era una meta común.

Uno de nosotros sobresalía con un empeño especial, pues desde el inicio había dividido a la promoción en dos grupos: los que podía utilizar para destacarse él y los que no. Era insincero con los que lo ayudaban, ya que mientras consultaba con ellos resultados de operaciones y quería ver sus trabajos, jamás mostraba los propios.

Cuando la promoción se percató de su comportamiento poco recíproco comenzó a alejarse de él hasta dejarlo completamente aislado. Transitar solo por la carrera de ingeniería sin el apoyo, el ánimo y la ayuda de los otros en los trabajos de grupo, no es, francamente, fácil. Cuando volvimos para el tercer semestre, nuestro *"compañero"* ya no estaba. Al principio se notó su ausencia porque era muy inquieto y estaba constantemente haciendo preguntas, pero después de un tiempo nos olvidamos de él.

No fue sino hasta el octavo semestre cuando me percaté en la cafetería de una solitaria figura que me pareció conocida: ¡era mi desaparecido *"compañero"* de los comienzos! Me acerqué a él y conversamos. Me contó su historia: se había inscrito de nuevo en la universidad luego de haber sufrido una serie de problemas sicológicos originados por su soledad y su frustrante impotencia de alcanzar el primer lugar en los estudios.

Si su meta no era mala, ¿en qué se había equivocado nuestro amigo? Definitivamente en la manera de llegar a ella, en el CAMINO.

En nuestro esquema del *"Proyecto de Vida"*, la pregunta vital referida al CAMINO es ¿cómo asumirlo?, ¿cómo recorrerlo?

El camino, como la serie de acciones y pasos que realiza la persona para acercarse y lograr aquello que quiere, es importante porque en él transcurre la vida. Este es también el concepto cristiano de la existencia terrena: somos peregrinos que caminan hacia Dios. Estamos en tránsito por la vida en dirección al Reino.

Comparar este punto con la excursión al Pico Duarte siempre me ha parecido muy ilustrativo: transcurren 6 días caminando y sólo 15 minutos en la cima del Pico (el objetivo). El viaje es el camino. La vida es el camino.

Vale destacar en todo trayecto dos momentos:

1ER. MOMENTO

EL 1ER. MOMENTO: está formado por todas las oportunidades que podemos considerar antes de salir hacia la meta, así como todas las acciones que podemos emprender antes de comenzar a recorrer cualquier proyecto. Tres recomendaciones de lugar:

1 / Asesorarse, orientarse

Tomando en cuenta:
- **Los guías:** Son personas que *"regresan cuando nosotros vamos"*. Gente que se ha ganado el derecho de aconsejarnos por lo que han vivido y realizado. Aquellos que ya conocen la experiencia por la que nosotros esperamos transitar. Ellos suministran pistas para el camino.
- **Llevar lo necesario:** Lo mucho nos pesa; lo poco nos limita. Hay que caminar con lo necesario.

2 / Elegir la ruta adecuada

El problema no radica en elegir entre lo bueno y lo malo, sino en decidirse por lo mejor entre todo lo bueno que está al alcance. Existen diferentes rutas válidas para subir al Pico, pero el asunto está en descubrir cuál de ellas se acomoda a las propias circunstancias, expectativas y potencialidades.

3 / Entrenarse

Siempre que la vida nos dé la oportunidad de capacitarnos para una realización de importancia, debemos aprovecharla. Sería de tontos pasar por alto las oportunidades de prepararnos para nuestras opciones de vida.

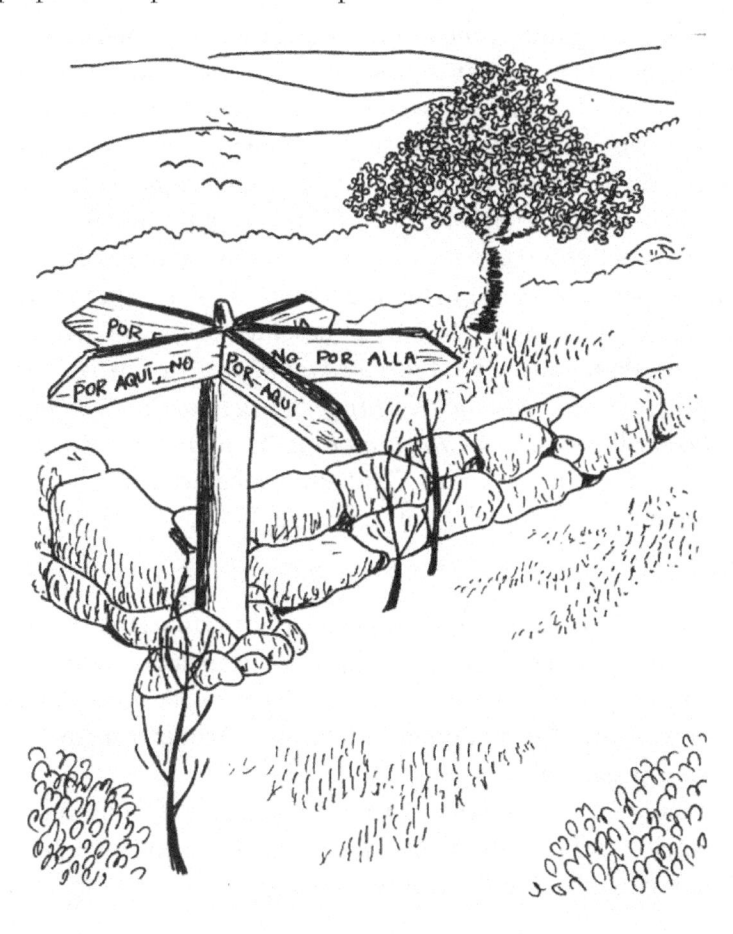

2$^{DO.}$ MOMENTO

EL 2DO. MOMENTO: está formado por todo lo que acontece en el camino (es el trayecto en sí). También es bueno considerar tres elementos:

1 / LA REALIDAD

Es lo que efectivamente existe. Es la experiencia descrita e interpretada. En el Pico, la realidad son las subidas, los llanos, las bajadas, el paisaje motivador, el cansancio, los obstáculos. La realidad es lo que acontece y conforma la historia. Puede ser vista y asumida de diferentes maneras, según las personas que tienen contacto con ella.

En mi segundo viaje al Pico, en el que me acompañaron 12 amigos, se presentaron bastantes inconvenientes: desde la incomodidad de meternos en una sola casa de campaña, hasta lo desastroso que resultó el que nosotros mismos nos empeñáramos en cocinar. La víspera del descenso me sentía feliz por haber logrado nuestro cometido, pero para mi asombro, algunos del grupo convocaron una reunión en pleno campamento para planear la manera de *"huir"* lo más rápido posible de *"aquella selva"*. Se habían desentendido de la realidad y la estaban sufriendo. *"¿Qué selva ni ocho cuartos?"*, les inquirí, *"este es el anhelado proyecto que con tanto tiempo e ilusión hemos estado preparando, todo lo que nos ha sucedido es parte de su realidad"*. El año siguiente estábamos los 13 de nuevo, dirigiendo a un grupo de 35 excursionistas.

2 / LOS OTROS

Son parte de la realidad, pero su importancia en los resultados de nuestro proyecto hace que tengamos que considerar este aspecto por separado. La mayoría de las veces los otros establecen la diferencia entre disfrutar o sufrir una misma situación.

Cada vez que emprendía la organización de una nueva excursión al Pico, mi madre, que al igual que todas se preocupan cuando los hijos emprenden algo de cierto riesgo, me preguntaba: *"¿Para qué vuelves a subir, si ya lo has visto todo y el viaje es el mismo?"*. Y yo le respondía: *"Pero mamá, las personas siempre son diferentes, aunque hayamos ido juntos en otras ocasiones, y son ellas las que hacen que la experiencia sea siempre nueva"*.

3 / LA TRASCENDENCIA

Es lo que está más allá de la realidad misma. Sobrepasa el límite de lo que podemos constatar. Es lo fundamental de un proyecto, lo que se extiende durante sus etapas y le da sentido. Aunque forma parte de la Meta, ya comienza desde el Camino.

Estaba en una fiesta, cuando un amigo se me acercó con un *"Cuba Libre"* en la mano, y como él sabía que yo acababa de regresar recientemente de una excursión al Pico, me comentaba: *"Cuando una guagua me lleve hasta las cercanías del Pico, me suban en teleférico y pongan un restaurancito allá arriba, entonces me animaré a ir"*. Ni me ocupé de contestarle, mientras pensaba para mis adentros: *"Éste nunca subirá; no ha entendido la trascendencia del viaje"*.

A través de la publicidad de la radio, la televisión y el Internet, nuestro inconsciente recibe un constante y sutil *"bombardeo"* de propaganda por parte de los productores de bienes de consumo, los poderes económicos y los que dirigen la política social y gubernamental.

7
La realidad

"El que se desubica de su realidad, la sufre".

Fue el día más largo de mi historia. Jenny y Katiuska, dos tranquilas participantes en la primera excursión al Pico Duarte que realizaba con los alumnos de término, presentaron desde el primer momento del viaje dificultades para caminar, por lo que hubo que asignarles un par de mulas.

Sucedió al quinto día, cuando se alcanza la cima. El reto de la ruta elegida, más que el Pico, era ascender La Pelona, montaña que queda por debajo de la mayor altura de Las Antillas sólo por unos pocos metros. Al devolvernos por la misma ruta, hacia nuestro campamento del Valle del Bao, el grupo marchaba algo deteriorado. Entonces, al llegar de último, como solía hacerlo, recibí la noticia: ¡faltaban dos muchachas!

Eran las 7 de la noche. Las buscamos por todo el campamento antes de confirmar que en algún punto de aquella oscura montaña de más de 3,000 metros de altura, se hallaban Jenny y Katiuska: solas, sin agua, sin comida, sin abrigos...

Rápidamente, nuestros guías, dos jóvenes de Mata Grande, ascendieron de nuevo el camino recorrido. Por el radio comunicador, mientras hablábamos con uno, escuchábamos al otro gritar los nombres de nuestras amigas.

La oscuridad hizo imposible ubicarlas y los guías decidieron pasar la noche en el Valle de Lilís, a la falda del Pico, donde habían encontrado otro grupo acampado cuyos guías los ayudarían en la búsqueda al amanecer.

Las condiciones de nuestras amigas no eran nada favorables. Esa noche, precisamente, hizo un frío de mil demonios. En cuanto a nosotros, preparamos dos expediciones para buscar ayuda en caso de que no hubiera noticias de ellas antes de las 9 de la mañana del día siguiente. Podrán imaginar que, como último responsable, esa noche no pegué ojo. Ya salía el primero de los grupos rumbo a *"La Compartición"*, mientras el que se devolvería a *"Mata Grande"* se preparaba, cuando uno de los guías nos comunicó por la radio que las había divisado al treparse en un alto pino.

Las llevaron hasta el campamento del Valle de Lilís para darles las primeras atenciones. Estaban en mejor estado de lo que suponíamos, gracias a Dios, y nos contaron lo que les había acontecido. En lo alto de La Pelona, las muchachas se habían encontrado con dos personas del grupo extenuadas, y en generoso gesto, les habían facilitado sus monturas, empezando a caminar por primera vez en todo el trayecto. Cien metros más adelante, ya se habían desviado por un falso camino que conducía a un extinto pozo de agua.

Habían roto tres normas básicas de la seguridad del viaje: caminaron solas, siguieron avanzando luego de saber que no andaban en el camino correcto, y no se devolvieron al lugar del que estaban seguras era parte de la ruta. No sé si en algún momento se imaginaron estar en el Parque Mirador Sur. El hecho es que esta inolvidable anécdota me confirma, cada vez que la recuerdo, la veracidad de la frase que encabeza esta unidad:

"El que se desubica de su realidad, la sufre".

No sólo eso, hace también sufrir a los demás. Para cualquier proyecto que emprendamos, debemos siempre tomar conciencia de la realidad que lo circunscribe. La realidad es todo lo que existe, lo que es, lo que sucede o acontece. Y porque tenemos conciencia, la realidad nos afecta en el centro mismo de nuestra felicidad.

Sólo para la persona la realidad, el mundo natural, la historia, se transforma en misterio.

En sí misma, la realidad es lo que es, un conjunto de cosas que están ahí sin una razón aparente, esto es, materia bruta. En el interior de la persona, esa realidad exterior experimenta una metamorfosis sustancial y se convierte en misterio. La persona (EL YO INTERIOR) se asoma al mundo exterior y empieza a indagar sobre el sentido que tienen las cosas pequeñas y grandes que conforman la realidad. A medida que toma conciencia y ahonda en la interrogante del conocimiento, se da cuenta del carácter de misterio de la misma realidad.

Sólo porque la persona es misterio, surge en ella la pregunta por el sentido de la realidad, incluyéndose ella misma dentro de esa realidad.

Si la persona fuera un ser resuelto, acabado, explicado, definido y catalogado en un libro de especies naturales, la pregunta por el sentido de la vida y de la realidad dejaría de existir.

JAMÁS UN SER IRRACIONAL SE HA PREGUNTADO POR EL SENTIDO QUE TIENE SU REALIDAD O LA REALIDAD EXTERIOR. ESTÁ AHÍ, INCRUSTADO EN EL MEDIO, TRATANDO DE SOBREVIVIR COMO PUEDE.

FRANCESC TORRALBA

> LA REALIDAD Y LOS ANIMALES: Las ballenas, hasta este momento, que yo sepa, no han celebrado ninguna *"convención oceánica"* para combatir a los barcos balleneros que las están extinguiendo. La gallina que estaba en mi casa no se quejó nunca de que mi esposa hubiera hecho de Peter, su gallo, una rica pasta para sándwiches. Los animales, a lo sumo, llegan a sufrir la realidad, pero no se ocupan de ella.

> LA REALIDAD Y LOS NIÑOS: Anoche tuve una conversación muy seria acerca de los apagones, la globalización y la política del país, pero el bebé de mi amigo Picho no me hizo el menor caso. Los niños tampoco pueden interactuar con la realidad.

EL PROYECTO DE DIOS PARA TÍ | 77

> La realidad y los locos: El loco se distingue del genio porque, aunque tenga ideas brillantes, vive *"fuera"* de la realidad.

Es la conciencia de la realidad lo que da al hombre su poder y lo lleva a intervenir en ella modificándola.

Según su criterio de la felicidad, puede mejorar y favorecer su entorno, o empeorarlo y destruirlo indiscriminadamente. Detrás de la tala de bosques y la caza de ballenas se mueven intereses económicos millonarios.

El ser humano en ejercicio de su razón tiene la especial habilidad de transformar en misterio todo lo que toca. Desde la realidad más extraña hasta lo más habitual y cotidiano se transforman en misterio: ese árbol que contemplo desde mi ventana, ese pájaro que canta y que se posa en una de sus ramas, ese familiar que acaba de entrar en mi habitación, todo se transforma en misterio cuando es absorbido por la retina humana.

Es en este sentido en el que la realidad
está en constante comunicación
(siempre nueva, siempre inagotable)
con la persona.

Francesc Torralba

Para el creyente, en esta realidad llena de misterios está la voz y la revelación de Dios.

Tony de Mello nos da a entender en este cuento cómo la mayoría de las personas prefieren vivir la realidad *"en el papel"*.

El explorador había regresado junto a los suyos, que estaban ansiosos por saberlo todo acerca del Amazonas. Pero ¿cómo podía él expresar con palabras la sensación que había inundado su corazón cuando contempló aquellas flores de sobrecogedora belleza y escuchó los sonidos nocturnos de la selva? ¿Cómo comunicar lo que sintió en su corazón cuando se dio cuenta del peligro de las fieras o cuando conducía su canoa por las inciertas aguas del río? Y les dijo: "Vayan y descúbranlo ustedes mismos. Nada puede sustituir al riesgo y a la experiencia personales". Pero, para orientarlos, les hizo un mapa del Amazonas.

Ellos tomaron el mapa y lo colocaron en el Ayuntamiento. E hicieron copias de él para cada uno. Y todo el que tenía una copia se consideraba un experto del Amazonas pues ¿no conocía acaso cada vuelta y cada recodo del río, y cuán ancho y profundo era, y dónde había rápidos y dónde se hallaban las cascadas?

El explorador se lamentó toda su vida de haber hecho aquel mapa. Habría sido preferible no haberlo hecho.

La persona *(el joven)* se debe experimentar como un auténtico explorador de su ser y realidad, como un intrépido aventurero que sigue las huellas del maestro *(guía)*, pero a sabiendas de que su camino *(método)* no es el único camino, y de que quedan además muchos caminos por descubrir y paisajes por contemplar.

Si el misterio se desvanece y perdemos este sentido de exploración y aventura, la vida entonces se reduce a mera tecnología, a cibernética o a un craso mecanismo de estímulos y respuestas.

LA REALIDAD HAY QUE:
* CONOCERLA,
* INTERPRETARLA,
* INTEGRARLA AL PROYECTO DE VIDA,
* MODIFICARLA (MEJORARLA):
SEGÚN LO QUE SE BUSQUE EN LA VIDA
Y LA META QUE SE TENGA.

Actualmente, y debido al desarrollo de las telecomunicaciones, la realidad nos invade con más fuerza que nunca. Los amigos piden permiso para entrar a nuestra casa, tocan a la puerta, y si queremos les abrimos. Sin embargo, a través de la publicidad de la radio, la televisión y el Internet, nuestro inconsciente recibe un constante y sutil *"bombardeo"* de propaganda por parte de los productores de bienes de consumo, los poderes económicos y los que dirigen la política social y gubernamental. El efecto de tal situación es que nos hemos *"empalagado"* de tantas noticias. Noticias, además, manipuladas. La realidad que nos transmiten los medios de comunicación es una realidad deformada a la que nos hemos acostumbrado. Para poder vivir en ella, hemos cerrado ojos y oídos, y le hemos restado importancia.

8
El Otro: la Realidad más Cercana

*"Si alguno dice: 'Yo amo a Dios',
y al mismo tiempo odia a su hermano,
es un mentiroso. Pues quien no ama a su hermano,
a quien ve, no puede amar a Dios a quien no ve".*

1 Juan 4, 20

Si traemos a colación el caso de las muchachas perdidas en el Pico, podemos llegar a la conclusión de que los aspectos que más les ayudaron a sobrepasar, de la mejor forma posible, la realidad adversa que les tocó vivir fueron:

1. Sabían que las encontrarían, pues había otros preocupados por ellas.
2. Eran dos, no estaban solas.

La realidad más cercana e importante, desde que iniciamos nuestro caminar por la vida, es el OTRO.

"EL HOMBRE ESTÁ SIEMPRE ORIENTADO Y ORDENADO A ALGO QUE NO ES ÉL MISMO; YA SEA UN SENTIDO QUE HA DE CUMPLIR, YA SEA OTRO SER HUMANO CON EL QUE SE ENCUENTRA. EN UNA U OTRA FORMA, EL HECHO DE SER HOMBRE APUNTA SIEMPRE MÁS ALLÁ DE UNO MISMO, Y ESTA TRASCENDENCIA CONSTITUYE LA ESENCIA DE LA EXISTENCIA HUMANA".

VIKTOR FRANKL

Este planteamiento va más allá de lo material, y sitúa al hombre frente a la enorme interrogante del sentido último de la vida *(el último ¿para qué?)* y frente a Dios *(el último ¿para quién?).*

LA FÁBULA DEL ZORRO MUTILADO
Anthony de Mello

Un hombre que paseaba por el bosque vio un zorro que había perdido sus patas, por lo que el hombre se preguntaba cómo podría sobrevivir. Entonces vio llegar a un tigre que llevaba una presa en su boca. El tigre ya se había hartado y dejó el resto de la carne para el zorro.

Al día siguiente Dios volvió a alimentar al zorro por medio del mismo tigre. El hombre comenzó a maravillarse de la inmensa bondad de Dios y se dijo a sí mismo: "Voy también yo a quedarme en un rincón, confiando plenamente en el Señor, y éste me dará cuanto necesito".

Así lo hizo durante muchos días, pero no sucedía nada, y el pobre hombre estaba casi a las puertas de la muerte cuando oyó una Voz que le decía: "¡Oh tú, que te encuentras en la senda del error, abre tus ojos a la verdad! Sigue el ejemplo del tigre y deja ya de imitar al pobre zorro mutilado".

Por la calle vi a una niña hambrienta y muerta de frío dentro de un ligero vestidito y con pocas perspectivas de conseguir una comida decente. Me encolericé y le dije a Dios: "¿Por qué permites estas cosas? ¿Por qué no haces nada para solucionarlo?"

Durante un rato, Dios guardó silencio. Pero aquella noche, de improviso, me respondió: "Ciertamente que he hecho algo. Te he hecho a ti".

¿Hasta qué punto, realmente, nos necesitamos los unos a los otros?

Hablemos de nuevo sobre las necesidades. Casi todos los adultos normales quieren, porque lo necesitan:
1. Salud
2. Alimento
3. Sueño, descanso
4. Dinero y las cosas que el dinero compra
5. Vida en el más allá
6. Satisfacción sexual

7. El bienestar de los hijos
8. Dar y recibir afecto

¿*Es la 8va. realmente una necesidad esencial para la vida?* Los dos casos siguientes, en los que se han visto involucrados niños y ancianos, seres con una alta necesidad de los otros, hablan por sí solos:

Esto sucedió en un congreso médico en donde participaban galenos de países muy desarrollados en el área de la salud. Resultó que, al comparar estadísticas de orfanatos de Francia y Estados Unidos, se verificaron coincidencias de muertes en niños menores de 2 años sin una razón aparente. Eran niños muy bien atendidos a través de los últimos adelantos médicos: para evitar el contagio de enfermedades transmitidas por personas adultas, los pequeños eran mantenidos en condiciones de máxima higiene, hasta el punto de que no se les tocaba al alimentarlos. Un brazo robot lo hacía. Sin embargo, morían, y no podía establecerse un diagnóstico preciso sobre la causa del deceso ni sobre qué hacer para evitarlo.

Agotados todos los recursos, decidieron hacerle caso a la intervención de una enfermera de edad avanzada que sugirió cambiar la metodología de la alimentación y cargar a los niños cuando se les diera el biberón... y hablarles dulcemente al suministrarles las vitaminas... y acariciarlos al estar cerca de ellos.

Los galenos decidieron implementar este método menos mecánico de tratar a los niños, y ¡oh milagro! los niños dejaron de morir. La extraña enfermedad de falta de afecto que padecían fue bautizada con el nombre de *"marasmo"*. O sea, que si ustedes y yo estamos vivos es porque de alguna forma, antes de cumplir los dos años, percibimos el cariño de alguien. De lo contrario, hubiéramos muerto de marasmo.

El segundo caso me lo suministró un artículo periodístico que leí hace varios años acerca del Hogar de Ancianos San Francisco de Asís que está en la carretera Sánchez. El hospicio había pasado a ser manejado por una congregación de religiosas. Los viejos testificaban que ahora sí se sentían bien, pues tenían sus medicinas a tiempo, realizaban tareas que los hacían sentirse útiles y hasta recibían postres después de las comidas. Y el autor hacía constar este dato estadístico: antes de que estuvieran las religiosas al frente del centro, moría, en promedio, un anciano por mes, pero desde el cambio, hacía cuatro meses, no había muerto aún ninguno. ¿Coincidencias? El afecto de las monjas había hecho diferentes las circunstancias.

Las primeras 7 necesidades son circunstanciales, pasajeras: cuando las satisfacemos, cesan por un buen tiempo. Sin embargo, la necesidad de afecto es una necesidad fundamental. Siempre está presente, y si alguna vez creemos no necesitarla, es porque en algún momento, ¿después de los dos años?, logramos desarrollar mecanismos de defensa que nos insensibilizaron hacia ella.

Las necesidades humanas son muchas y complejas, pero la necesidad fundamental es la de amar y sentirse amado.

El hombre fue creado *ad extra*, *"hacia afuera"*: su finalidad última es el otro. Todo lo que conseguimos tiene como referencia a alguien que no somos nosotros. Las cosas que se compran con el dinero se disfrutan junto a otros. La belleza es deseable en cuanto a que nos hace deseables. El poder se ejerce sobre otros. El estar sano facilita nuestra vida de relación con los demás.

El hombre necesita sentirse valioso, y para esto el otro es imprescindible. Hemos perdido de vista esta necesidad, pero actualmente hay cientos de cursos que tratan de ayudar a comprenderla.

La esencia del cristianismo está fundamentada en el amor al OTRO y a DIOS. Pero la medida del amor a DIOS y la única forma de hacerlo efectivo es a través del amor al OTRO. Los criterios evangélicos del Juicio de Dios para nuestra entrada definitiva al Reino, no nos dejan dudas al respecto:

"Cuando venga el Hijo del hombre en su gloria con todos sus ángeles, se sentará en su trono glorioso. Todas las naciones se reunirán delante de él, y él separará unos de otros, como el pastor separa las ovejas de los cabritos, y pondrá las ovejas a un lado y los cabritos al otro. Entonces el rey dirá a los de un lado:
-Vengan, benditos de mi Padre, tomen posesión del reino preparado para ustedes desde la creación del mundo. Porque tuve hambre, y me dieron de comer; tuve sed, y me dieron de beber; era un extraño, y me hospedaron; estaba desnudo, y me vistieron; enfermo, y me visitaron; en la cárcel, y fueron a verme.
Entonces le responderán los justos:
– Señor, ¿cuándo te vimos hambriento y te alimentamos; sediento y te dimos de beber? ¿Cuándo fuiste un extraño y te hospedamos, o estuviste desnudo y te vestimos? ¿Cuándo te vimos enfermo o en la cárcel y fuimos a verte?
Y el rey les responderá:
– Les aseguro que cuando lo hicieron con uno de estos mis hermanos más pequeños, conmigo lo hicieron.
Después dirá a los del otro lado:
– Apártense de mí, malditos, vayan al fuego que no se apaga, preparado para el diablo y sus ángeles. Porque tuve hambre, y no me dieron de comer; tuve sed, y no me dieron de beber; fui un extraño, y no me hospedaron; estaba desnudo y no me vistieron; enfermo y en la cárcel, y no me visitaron.
Entonces responderán también éstos diciendo:
– Señor, ¿cuándo te vimos hambriento o sediento?, ¿cuándo fuiste un extraño o estuviste desnudo, enfermo y en la cárcel, y no te socorrimos?
Y él les responderá:
– Les aseguro que cuando dejaron de hacerlo con uno de estos pequeños, dejaron de hacerlo conmigo. E irán éstos al castigo eterno, y los justos a la vida eterna.

MATEO 25, 31-46

¿Quién es el OTRO para mí?

El hombre actúa según percibe la realidad. Para amar al otro, hay que saber quién es el otro. A Jesús una vez se lo preguntaron (*¿Quién es mi prójimo?*), y él respondió algo como lo siguiente:

Bajaba un hombre de Restauración a Loma de Cabrera. Venía en un motorcito viejo, y en una curva del camino la llanta delantera reventó. El hombre intentó frenar, pero era demasiado tarde. Se estrelló en un naranjo espinoso. Quedó tendido en el suelo, medio muerto y desangrándose.

Casualmente bajaba por aquel camino un gran automóvil con placa oficial. Un señor muy elegante iba dentro. Vio al herido y pasó de largo. Tenía mucha prisa. Lo esperaban en Montecristi para inaugurar un comedor de niños pobres. La tribuna estaba preparada, la banda lista para tocar y los fotógrafos esperando. El gran señor le dijo al chofer que acelerara, que iban a llegar tarde.

Por el mismo camino, pasó también un Jeep. Lo manejaba un joven militante de un partido de oposición. Echó una mirada a la zanja y pensó que su partido tendría que construir hospitales en las carreteras para emergencias de ese tipo. Estaba preparando un mitin para protestar contra la continua violación de los derechos humanos. Iba a reunirse con unos compañeros en un bar de Dajabón para planear la cosa mientras se tomaban unos tragos. Tenía mucha prisa.

Pasó luego un Volkswagen con un cura al volante. Cuando se cruzó con el hombre herido detuvo la marcha. Bajó el cristal de la ventanilla y rezó una oración especial por los moribundos. Pero no pudo detenerse, porque tenía que celebrar una misa en Capotillo y ni siquiera había preparado el sermón. Tenía pensado hablar sobre la caridad fraterna.

Y pasó un haitiano montado en burro. Iba camino de Restauración y sintió compasión por aquel hombre. Se aproximó a él, le limpió la sangre de la cara y se arrancó la camisa para vendarle una herida profunda que tenía en la espalda.

Luego lo cargó en el burro y lo llevó al dispensario de Loma de Cabrera. Allí lo atendieron bien. Pero cuando el haitiano iba a devolverse se acordó de un pedacito de quiniela que tenía en su bolsillo. Cogió el número y lo metió en el pantalón del hombre herido. *"Puede que tengas suerte, muchacho, y te ganes algo para arreglar el motor"*, dijo el haitiano. Y montó en su burro, camino de Restauración.

Cuando la Madre Teresa de Calcuta, una de las personas que más ha entendido y encarnado este amor radical al otro, estuvo en el país, fue entrevistada para el programa *"Primera Fila"* que producía Freddy Ginebra. *"Madre Teresa, usted que siempre está hablando del amor, ¿hasta dónde tenemos que amar?"*, preguntó Freddy. A lo que la monja de Calcuta respondió: *"Hasta que duela, Freddy, hasta que duela"*.

"Aquella especie de indecisión que me paralizaba hasta entonces, se desvaneció bruscamente. Comprendí lo que el Señor esperaba de mí. ¡Tenía que hacer algo...! ¡Hacer algo!

Todos esos tullidos, estos mendigos cubiertos de harapos, este ciego que se arrastra, este viejo que agoniza solo sobre la acera, y esta vieja sobre su estera, cubierta de llagas y de hormigas, sin fuerzas ya para gemir... estos niños abandonados que viven en medio de la suciedad y en medio de las basuras...

Toda esta miseria bajo el sol, este sufrimiento, es una visión espantosa. Uno tiene la impresión de ser un náufrago en un océano de dolor y desesperación.

Señor, ¿es posible...? Señor, ¿es posible...? ¿Es ahí donde Tú me esperas?"
Testimonio de la MADRE TERESA DE CALCUTA

"La lógica de la solidaridad absoluta es distinta de la lógica de los negocios humanos. Acoge antes de saber lo que puedes ofrecer al prójimo necesitado acogido. Esta actitud suscita generosidad y permite realizar obras excelentes.

Tenemos 53,000 leprosos y, sin embargo, ni tan sólo uno ha sido rechazado porque no teníamos nada. Y siempre ha sido así, a pesar de que no tenemos sueldos, ni ingresos, ni nada; gratuitamente recibimos, gratuitamente damos. Este ha sido siempre el más hermoso don de Dios".

Madre Teresa de Calcuta (PALABRAS BLANCAS)

El poder del verdadero amor por el OTRO es tan grande y fuerte, que transforma la vida de las personas de la manera más insólita. Don Luis García Dubus ha recogido este testimonio de un participante en uno de sus cursos:

EL AMOR TRANSFORMADOR DE
UN PADRE HACIA SU HIJO

Tan pronto abrí la puerta de mi casa aquella noche y vi a mi hijo de 14 años sentado en el sofá de la sala, noté algo raro en él.

En un segundo me di cuenta de lo que pasaba: ¡estaba drogado!

Seguí caminando hacia mi aposento fingiendo no haberme dado cuenta, y me senté en la cama con una enorme sensación de tristeza y de derrota. Tenía ganas de gritar, de llorar, pero me contuve y recé. Y pensé. Pensé mucho.

¿Qué había estado yo haciendo últimamente en mis relaciones con mi hijo? Cuando le hablaba, ¿qué cosas le decía? Y él, ¿de qué me hablaba a mí?

Descubrí que era muy poco lo que él me confiaba. Me di cuenta de que nunca tenía tiempo para escucharlo.

También caí en la cuenta de que casi todas las veces que yo me dirigía a él era para llamarle la atención sobre algo que estaba haciendo incorrectamente, o sobre algo que debía hacer y no estaba haciendo.

Precisamente el día que esto me estaba pasando, había asistido durante la tarde a un entrenamiento en relaciones humanas donde se había afirmado una idea que para mí era nueva. El instructor dijo, resumiendo en cuatro palabras, esta sentencia: AUMENTO LO QUE RESALTO.

Me di cuenta de que había estado resaltando en mi hijo todo lo negativo, y sólo lo negativo.

Y me propuse hacer un experimento. Me dije: en adelante voy a hacer lo contrario. Voy a resaltar todo lo positivo que él haga, y, al menos por un tiempo, sólo lo positivo.

El otro día, por ejemplo, él le brindó un poco de refresco que estaba tomando a su hermanita menor. Al ver lo que hizo, le dirigí una mirada de aprobación y asintiendo con la cabeza le dije en voz baja: "¡bien hecho!"

En otra ocasión me pidió que lo despertara temprano al día siguiente. Al ir a despertarlo, ya él se había levantado y estaba saliendo del cuarto de baño, así que aproveché y le dije: "parece que la gente responsable no necesita que se le despierte ¿no?"

Como esos, podría citar muchos pequeños incidentes en los cuales resalté lo positivo en él.

No me fue fácil, francamente. Era algo que nunca había hecho, y hacer algo nuevo es siempre trabajoso.

Pero yo quería ayudar a mi hijo. Y fui notando que al resaltar su generosidad o su responsabilidad, o su espíritu de cooperación, iban aumentando en él estas mismas cualidades.

Todo esto sucedió durante los últimos 27 días. Esta tarde, mientras íbamos juntos en el carro, mi hijo me dirigió una frase que me estremeció.

"Tú verás, papá", me dijo.

"Tú verás lo que es un hombre responsable de aquí en adelante".

Y añadió: "A ti no te voy a hacer quedar mal".

El cambio que ha dado mi hijo en 27 días es increíble. Sencillamente increíble. Se ha alejado de los amigos que lo habían inducido a tomar drogas, está nuevamente entusiasmado con sus estudios y ha vuelto a ser aquel muchacho en quien siempre tuve tantas esperanzas. ¿Qué les parece?

El amor trascendente

Jesús, al hablar del amor, puso como límite *"hasta dar la vida por los amigos"*. Hasta allí nos dio Jesús, y hasta allí nos pide que demos.

Si un amigo te regalara una cartera, un carro del año o dos millones de pesos de los cuarenta que se sacó en la lotería, todavía podrías desconfiar de su intención, pero si entregara su vida por la tuya, no habría espacio para dudar de la sinceridad de su amor.

Escuchen esta impresionante historia de la vida real: *Vino la guerra. Los sicarios de la Gestapo cazaron al padre Kolbe. De la prisión de Pawiak lo pasaron al infierno de Auschwitz. Lo tatuaron con el número 16,670, y le asignaron un sitio en el bloque 17 destinado a trabajos forzados: sufrió, como sus compañeros, humillaciones, golpes, insultos, mordidas de los perros, chorros de agua helada cuando estaba devorado por la fiebre, sed y hambre, idas y venidas arrastrando cadáveres desde las celdas al horno crematorio. Auschwitz era la antesala del infierno.*

Convertido en una piltrafa, Kolbe fue colocado unas semanas en el bloque 12, de los inválidos, para "reponerse". Luego pasó al bloque 14. Pertenecía al 14 el día en que un prisionero se fugó. El comandante del campo sometió al bloque a torturas espeluznantes, hasta que por fin se decidió a elegir 10 presos que irían a morir en las celdas de hambre.

Formados en el centro del campo, a la vista de todos los compañeros de otros bloques para dar una lección, el comandante ordenó a los 10 elegidos:

– *Descálcense, van a la celda del hambre.*

Los desgraciados gritaron adiós. Y se oyó el lamento desesperado de Francisco Gajowniczek:

– *Díganle adiós a mi mujer, a mis hijos, díganle adiós...*

Hubo un instante de terror cuando los presos vieron que de la formación del bloque 14 uno se atrevía a salir hacia el comandante. Los guardias echaron mano a la pistola. Pero se detuvieron atónitos. Nunca nadie en Auschwitz vio que un preso le hablara al comandante. "Kolbe, es el padre Kolbe", se pasaban la noticia los detenidos. Lo conocían todos, porque hablar de noche unos minutos con él servía de consuelo.

– Señor comandante...

Kolbe se ha quitado el gorro y habla educadamente.

– ¿Qué pasa?

– Señor comandante, yo le pido permiso para ocupar el puesto de uno de los condenados.

– ¿Morir tú en su lugar? ¿Por qué?

– Yo estoy viejo y enfermo, ya no sirvo para trabajar.

– ¿A cuál de los condenados quieres sustituir?

– A ese que tiene mujer y tiene hijos.

– Pero, ¿tú quién eres?

– Soy un sacerdote católico.

Un cura. Kolbe sabe que las SS ponen a los curas en el segundo lugar de la basura humana. Primero los judíos, segundo los curas. El comandante cederá.

– Acepto, tú ocuparás su lugar.

Duró 15 días la lenta agonía, el martirio por hambre. A los 10 condenados los encerraron desnudos en el sótano, en el famoso búnker, todos juntos en la celda del hambre. Ni una migaja de pan, ni una gota de agua. Al segundo, al tercer día, comenzaron a morir. Pero aquella vez los sótanos de Auschwitz, entre lamento y lamento, escucharon plegarias y cantos a la Virgen.

Los alemanes tenían un guardián polaco encargado de sacar fuera el cadáver de los que morían y de vaciar la única letrina colocada en la celda. Él lo ha contado, y su relato está en las arcas de los tribunales de justicia y en los archivos del Vaticano. Kolbe y otros 3 duraron hasta el día 15. El comandante necesitaba la celda para un nuevo lote de condenados, y mandó al médico del campo para que con una inyección de ácido fénico apagara el último pulso de sus vidas.

El día que Pablo VI puso a Maximiliano Kolbe en los altares, vino con los peregrinos de Polonia un viejecito de nombre Francisco Gajowniczek que se salvó de la muerte por hambre.

¿Duda alguien acaso
de la veracidad del amor de las madres
por sus hijos y el de los hijos
por sus madres? Sin embargo,
este amor que sí existe
no puede ser retratado, ni tocado,
ni almacenado en una caja.

9
Si Pudiéramos Ver más Allá

"La ciencia no puede descifrar los enigmas de la razón; y querer convertir en una ciencia el enigma eterno y el sentido del infinito significa imponer una confusión desgraciada y condenada a continuos fracasos, a dos esferas que, fundamentalmente, son extrañas una a otra".

THOMAS MANN

"¡Yo sólo creo en lo que puedo ver y tocar!", proclamaba un profesor de ciencias en su cátedra universitaria, para establecer delante de los estudiantes su concepción materialista de la vida. *"He realizado todo tipo de disecciones y operaciones quirúrgicas al cuerpo humano, he llegado con el bisturí a todos los rincones de su anatomía y nunca he visto ni siquiera un vestigio de la existencia del alma inmortal que predican los cristianos"*, puntualizaba.

En ese momento un alumno creyente levantó la mano para interrumpir al profesor en su alocución y decirle: *"Doctor, ¿usted se considera una persona intelectual, con grandes conocimientos adquiridos a través sus estudios y experiencias?"*. *"Claro que sí, pero ¿a qué viene su pregunta?"*, le inquirió el médico. El joven respondió: *"Pues bien, le exhorto a que me ponga su inteligencia debajo de un microscopio de manera que todos podamos verla y tocarla, de lo contrario, según sus propias palabras, lo declaro automáticamente –bruto–"*.

¿Duda alguien acaso de la veracidad del amor de las madres por sus hijos y el de los hijos por sus madres? Sin embargo, este amor que sí existe no puede ser retratado, ni tocado, ni almacenado en una caja.

Pertenece a otra dimensión o esfera que no puede ser manipulada por la ciencia. Obvio significa "*delante de los ojos*". La trascendencia es aquello que está más allá de lo obvio, y precisamente, por no ser visible ni palpable, a veces nos olvidamos de que lo trascendente es real y de que tiene suma importancia en nuestro proyecto de vida.

No es lo mismo transitar por "*el camino*" con un sentido trascendente que sin él, ni pueden ser coincidencia las referencias a Dios de los siguientes testimonios. La prensa ha recogido lo que dijeron dominicanos a los que podemos calificar como personas de éxito:

- Anoche, con su labor, se elevó tan alto como las estrellas, y consigo puso por las nubes el nombre de la República Dominicana. "*Soy un hombre de fe, y puedo asegurar que las oraciones de mis compatriotas me iluminaron y me permitieron lucir como un pícher de calidad*", dijo PEDRO MARTÍNEZ.

- Un apasionado del básquetbol, el jugador puertoplateño de la NBA, AL HORFORD REYNOSO, quien ha visto lograr su sueño: representar dignamente a la patria que lo vio nacer, afirmó: "*No puedo vivir sin la comunión de un Dios vivo que se manifieste en mi vida*". Alfred manifestó a la prensa: "*Me siento afortunado, me siento bendecido por Dios desde que comencé a jugar, porque cuando niño soñaba con una posición como ésta. Doy gracias a Dios y a mi familia por el apoyo que me han dado*".

- SAMMY SOSA comenta varias veces que cuando no conecta jonrones el Señor sabe por qué no sucedió, que su esfuerzo depende de la voluntad de Dios y que él le ama y le agradece todo lo que le ha dado. Compartir con Sammy en estos momentos es una bella experiencia porque, aunque a veces debe sentir que la prensa y los fanáticos lo agobian, él transmite tranquilidad y disposición.

- Dice Juan Luis Guerra: *"Mira, lo que hace la diferencia en realidad es el conocimiento de Dios, cuando tú comienzas a conocer a Dios, a Jesús, y lo pones en su sitio. Porque el problema de nosotros es el orden de las cosas. El orden es primero Dios, luego la familia y después el trabajo. Por eso cuando tu orden es diferente a eso comienzan los problemas".*

- Amelia Vega, Miss Universo 2003, en una entrevista concedida a la cadena Gamavisión, atribuyó sus éxitos en este año de reinado a su proximidad con Dios. *"El día que gané todo lo puse en sus manos. Cuando salía al escenario yo decía: Dios, que sea tu luz la que brille por mí... El momento en que me toque hablar pon tus palabras en mí y brilla. Es el triunfo de Él, totalmente",* anotó.

Hago referencia a estas citas aleatorias porque todas asocian, de alguna manera, los logros alcanzados a un ser trascendente que se invoca, explícitamente, como Dios. Son los mismos protagonistas quienes, sin ponerse de acuerdo, introducen el tema en las entrevistas de forma espontánea y fuera de un ámbito religioso. Ello induce a pensar que: ¡algo, vinculante y más allá de lo tangible, tiene que haber! El desafío es descubrirlo.

La trascendencia es también el lugar de Dios

El cristianismo afirma saber cosas bastantes concretas acerca de la trascendencia, por ejemplo, el mañana del hombre, de su historia y del universo. Quizás resida en eso el meollo del Evangelio:

» La vida vence sobre la muerte.

» El sentido triunfa sobre el absurdo.

» Donde abundó el pecado *(vida animal)* sobreabunda la Gracia *(vida de Dios).*

» El hombre no se encamina hacia una catástrofe biológica llamada muerte, sino hacia una realización plena del cuerpo-espíritu: la Resurrección.

» El mundo no marcha hacia un fin dramático en una conflagración cósmica, sino hacia la consecución de su meta y hacia la floración total de las semillas que germinan ya en él *(el Reino)*.

EN COHERENCIA CON LO ANTERIOR, EL CRISTIANISMO...

» Anuncia por adelantado el cielo como la convergencia de todas las pulsiones *(deseos íntimos)* humanas.

» Se refiere al infierno como la frustración absoluta creada por la libertad del hombre mismo.

» Promete la resurrección de los muertos como concreción radical de los dinamismos latentes en la naturaleza humana.

» Asegura la transformación del mundo material en el Reino de Dios.

ESTE MUNDO QUE AMAMOS, COMO
"LOS BUENOS FRUTOS DE LA NATURALEZA
Y DE NUESTRO TRABAJO QUE NUNCA SE PIERDEN,
LO ENCONTRAREMOS DE NUEVO, LIMPIO, SIN EMBARGO,
DE TODA IMPUREZA, ILUMINADO Y TRANSFIGURADO...
CUANDO EL SEÑOR LLEGUE".

GAUDIUM ET SPES, 39

¿De dónde saca el cristianismo su sabiduría sobre realidades tan decisivas para el destino y el sentido humanos?

» Como punto de partida para sus planteamientos sobre la trascendencia, el cristianismo no apela a la Sagrada Escritura como una respuesta adecuada y por sí misma convincente, pues aunque ella contenga la Palabra de Dios, el cristianismo sabe que ésta es pronunciada únicamente dentro de la palabra humana. La inspiración divina no exoneró a los autores sagrados de la condición humana; es decir, ellos, en la misma medida que nosotros, especularon, teologizaron y se dejaron orientar por una vida de fe.

» Pero, por otro lado, puede afirmarse que los múltiples libros de la Biblia son el testimonio ejemplar de la revelación que acontece permanentemente dentro del proceso único de la vida. Es decir, la Revelación (de Dios) no cae del cielo, se produce en la historia del hombre. Recordemos que Jesús no es un acontecimiento *"extraño"* y *"agregado"* a la historia, como esperaban los judíos, sino precisamente una persona encarnada en la propia historia.

» Es a partir de la Historia, vivida y reflexionada, y muy especialmente, de la Historia de la Salvación, de donde los cristianos sacan su verdad. Viendo y viviendo la vida es cómo podemos descubrir el futuro de ella (lo que nos espera).

La antropología cristiana

Las afirmaciones sobre el futuro que hace el cristianismo no pretenden sino hacer explícito, desentrañar y patentizar lo que está implícito y latente dentro de las posibilidades de la persona. Somos un proceso y dentro de ese proceso conquistamos el futuro. Esto, que es válido al hablar de tecnología, visión del futuro y planificación, también lo es acerca de la naturaleza humana.

El hombre todavía no alcanza su plenitud, su punto Omega, al que entrevé como latente y posible dentro de un amplio horizonte de alternativas. Todo hombre se experimenta hecho y continuamente por hacer, y dentro de cada uno vive su potencialidad, lo que llegará a ser algún día. La reflexión moderna se ha referido al insaciable dinamismo de la vida humana como *"principio-esperanza"*.

El hombre, para el cristianismo:
» Es apertura infinita aprisionada en las estrecheces de una concreción que no lo agota.
» Es la tensión entre una tendencia absoluta y una tendencia inadecuadamente realizada.
» Se experimenta hecho y continuamente por hacer.

Esa manera de experimentarse le da la noción de lo nuevo y lo infinito, y lo conduce a pensar en lo escondido, lo revelado, la promesa y el cumplimiento, la anticipación y la realización plena.

Mediante lo que llamamos la utopía, *(que desempeña una función insustituible dentro de la historia del hombre)* se proyectan hacia el futuro todos los dinamismos y deseos humanos, totalmente depurados de los elementos limitadores y ambiguos, y plenamente realizados.

Utopía no es simplemente sinónimo de fantasía. La fantasía es una de las formas con las que se expresan la utopía y el principio-esperanza. La utopía manifiesta el ansia permanente de renovación, regeneración y perfeccionamiento buscados por el hombre. *"Sean perfectos como su Padre Celestial lo es"*, nos anima Jesús.

Conocemos muchas utopías:
» *"La República"* de Platón
» *"La Ciudad de Dios"* de San Agustín
» *"La Ciudad del Sol"* de Campanela
» *"Utopía"* de Santo Tomás Moro (de aquí el nombre UTOPIA)
» *"La Ciudad de la Eterna Paz"* de Kant
» *"El Estado Absoluto"* de Hegel
» *"El Paraíso del Proletariado"* de Marx
» *"El Mundo Totalmente Amorizado y Planetizado"* de T. de Chardin

» *"El Admirable Mundo Nuevo"* de A. Huxley
» *"Vulcania"* de Julio Verne
» *"El Reino de Dios"* de la literatura apocalíptica y de la predicación de Jesucristo.

En todas ellas se verifica una constante: todo lo que daña, denigra o rebaja al hombre queda vencido.

<u>No habrá ya muerte, ni luto, ni llanto, ni dolor</u>
Ap 21, 4
<u>ni se pasará más hambre ni sed, ni la naturaleza volverá a hacer daño</u>
Ap 7, 16
<u>sino que habrá un nuevo cielo y una nueva tierra</u>
Ap 21, 1

El cielo anunciado por la fe cristiana se sitúa en el horizonte de la concepción utópica: es la absoluta y radical realización de todo lo que dentro de Dios es verdaderamente humano.

¿Se realizará algún día la utopía? Ya San Pedro se encontró con cristianos que criticaban: *¿Dónde está la promesa de su gloriosa venida (del Señor)? ¡Ya han muerto nuestros padres y todo está igual que al principio del mundo!* (2Pe 3, 4)

Los mecanismos del corazón humano, de la inteligencia, de la voluntad, del sentir, del esperar, ¿encontrarán alguna vez el objeto de su tendencia? ¿Puede llegar el hombre a la total comunión con todas las cosas y también con el Infinito-Dios? ¿Permanecerá el hombre indefinidamente en búsqueda de la felicidad plena y total? ¿Se quedará en un eterno esperar, sin alcanzar?

Ante esta situación sólo hay dos posiciones posibles: negar el sentido del hombre, el mundo y la vida, o afirmarlo. Es aquí donde entra en juego la fe. Tener fe es descifrar un sentido radical dentro de la vida y creer que el hombre tiene un futuro absoluto donde convergen las pulsiones que lo mueven interior y exteriormente.

Lugar de la utopía — Futuro Absoluto (sin horizonte) — Muerte

Insaciable dinamismo de la vida — Vida

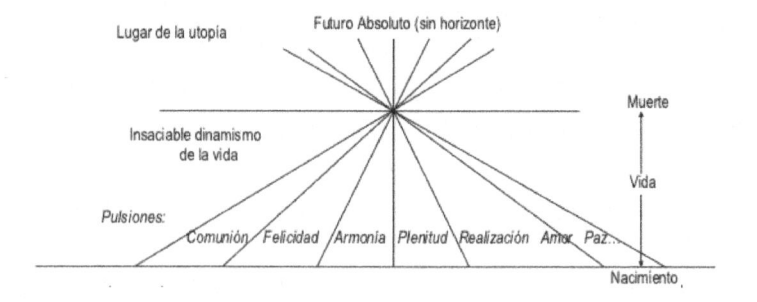

Pulsiones: Comunión, Felicidad, Armonía, Plenitud, Realización, Amor, Paz... — Nacimiento

Aún así, una fe semejante no resuelve los grandes absurdos existenciales:

» ¿Por qué existe el dolor del niño inocente?
» ¿Por qué el bueno sufre y es perseguido?
» ¿Por qué irrumpe la muerte en la carne del joven y del no-nacido?

Estos problemas constituyen la base permanente de la negación del sentido de la vida, y por tanto, de la pérdida de la fe. Para aquél que opta por el absurdo, sin embargo, valores como el trabajo, el amor, la amistad, el sacrificio y el perdón se convierten en fragmentos de significado que no encajan en su sistema.

"*He sido frecuentemente amenazado de muerte. Debo decirle que, como cristiano, no creo en la muerte sin resurrección: si me matan, resucitaré en el pueblo salvadoreño. Se lo digo sin ninguna jactancia, con la más grande humildad.*

Mi muerte, si es aceptada por Dios, sea por la liberación de mi pueblo y como un testimonio de esperanza en el futuro. Puede usted decir, si llegasen a matarme, que perdono y bendigo a quienes lo hagan.

Ojalá así se convencieran de que pierden su tiempo. Un obispo morirá, pero la Iglesia de Dios, que es el pueblo, no perecerá jamás".

MONSEÑOR OSCAR ROMERO,
ASESINADO EL 24 DE MARZO DE 1980 MIENTRAS CELEBRABA LA EUCARISTÍA

Si todo es absurdo, entonces, ¿por qué se manifiesta el sentido en personas de fe como Monseñor Romero? Lo que hace la fe es reflexionar sobre el sentido encontrado en la trama de la existencia. Lo denomina y lo invoca sin miedo como Dios, Padre y Amor. Las religiones traducen la fe en actitudes, doctrinas y ritos, y siempre tienen que ver con el sentido de la totalidad de la realidad. Todas las religiones, en esencia, constituyen la matriz de la esperanza, porque en ellas se plantean y se responden cuestiones como éstas:

» ¿Qué será del hombre?
» ¿Qué será del mundo?
» ¿Cómo será el "después de la muerte"?

La religión no tiene que ver tanto con la historia de los orígenes del hombre, como con lo que está más allá de la historia. Pretende saber algo del futuro, lo formula en el presente y lo implanta como una esperanza dentro del corazón inquieto.

El mismo Paraíso de los autores del Génesis no es una situación que hayamos perdido y de la que sentimos nostalgia, sino que configura el mundo nuevo hacia el que nos encaminamos con la alegría de la fidelidad de Dios. El Paraíso es como la maqueta del mundo. Es el plano de la construcción que ha de ser realizada por el contratista que es el hombre.

Las alusiones paradisíacas se sitúan al comienzo de la Biblia porque antes de que alguien haga algo debe saber qué es lo que quiere y debe elaborar un proyecto capaz de ser ejecutado.

"LA PLENITUD DE LA HUMANIDAD QUEDA ANTICIPADA EN LA DESCRIPCIÓN DEL PARAÍSO, HECHA CON IMÁGENES Y SÍMBOLOS SACADAS DE LAS REALIDADES DEL PUEBLO DE AQUELLA ÉPOCA, PARA QUE SIRVA DE ORIENTACIÓN Y ESTÍMULO DE LA ACCIÓN HUMANA. POR ESO SE PUEDE DECIR QUE EL PARAÍSO ES UNA PROFECÍA PROYECTADA HACIA EL PASADO".

CARLOS MESTERS,
PARAÍSO TERRESTRE, ¿AÑORANZA O ESPERANZA?

Esta profecía proyectada hacia el pasado promete el Reino de Dios, en donde *"no habrá dominio del marido sobre la esposa, ni habrá dolores de parto, ni sequía, ni trabajo alienante, ni existirá enemistad entre el hombre y los animales feroces, ni habrá muerte. No existirá en él nada maldito. El árbol de la vida alimentará a todas las naciones (Apoc 22, 2-3) y habrá vida en toda su abundante liberalidad (Jn 10, 10). Todo será nuevo (Apoc 21, 5)"*.

El verdadero Génesis (comienzo) no se sitúa en el comienzo, sino en el final. El Eclesiástico expresaba este pensamiento cuando reflexionaba: *"Cuando el hombre haya acabado, entonces se hallará en los comienzos" (Eclo 18, 7, Versión Dios Habla Hoy).*

Pero no sólo la Biblia habla del destino final de la humanidad; todas las religiones lo hacen. Entonces, ¿en qué se diferencia la nuestra?

El plazo de espera se ha acabado.
¡El Reino viene!

Marcos 1, 14

El cristianismo da un paso más allá de las demás religiones y anuncia que el sentido no quedó difuso y repartido entre las cosas, sino que el Futuro Absoluto, Dios, se aproximó a nuestra existencia y vivió en la carne humana, cálida y mortal, y se llamó Jesucristo.

Ante Él, la novedad acontece: *se perdonan los pecados, los enfermos quedan curados, se calman las tempestades, se sacia el hambre, son exorcizados los espíritus inmundos y la muerte es vencida.* En Él se manifestó la misericordia y el amor humanitario de Dios. En Él se reveló una manera de vivir que ya es en sí misma reconciliación con todos y con Dios.

La muerte no pudo devorar una vida y un amor tan grandes. Su Resurrección realizó la utopía. Por eso no puede interpretarse como la reanimación de un cadáver y el retorno a una vida mortal, sino como la realización total y exhaustiva de todas las posibilidades latentes en el hombre: la posibilidad de unión íntima e hipostática (de igual naturaleza) con Dios, la comunicación cósmica con todos los seres, la superación de todas las limitaciones que marcan la existencia terrena.

El futuro de Jesucristo, hecho presente dentro de la Historia por la Resurrección, es el futuro de la humanidad. Por eso los cristianos lo aclamamos del mismo modo que la comunidad primitiva:

¡CRISTO ES NUESTRA ESPERANZA!
COL 1, 27

"Cuando un salvaje deja de creer en su dios de madera, eso no significa que no haya Dios, *sino que el verdadero Dios no es de madera*".

LEÓN TOLSTOI

10
Hablemos de la Otra Vida

"El sentido y el gusto de lo infinito constituye un hecho dado en el hombre. No son pues, unos principios filosóficos lo que la religión propone a la ciencia, sino un hecho espiritual internamente situado".

THOMAS MANN

Rafael y Carlos fueron muy buenos amigos toda la vida, los unió su pasión por el béisbol. Uno pícher, el otro jugador del campo, ambos excelentes deportistas. Un día, al finalizar la práctica, Carlos le comentó a Rafael que si el cielo era tan perfecto como había expresado el profesor en la clase de religión, allí tendría que jugarse pelota aunque fuera en condiciones especiales, si no al cielo le faltaría *"un pedazo"*.

Concluyeron que el que muriera primero de los dos, si es que hubiese alguna forma de comunicación con la *"otra vida"*, buscaría por todos los medios dar una señal al sobreviviente respecto a esta inquietud.

Con el paso de los años, ya mayores, Carlos murió primero. Transcurrido algún tiempo, una noche en la que Rafael se disponía a acostarse, lo sobrecogió una brisa fría que entraba por la ventana, mientras, asustado, veía formarse la figura de su amigo de juventud al pie de la cama.

– Hola amigo, vengo a cumplir la promesa que nos hiciéramos aquel día en el colegio luego de jugar béisbol, ¿recuerdas?

Más tranquilo, Rafael rememoró la conversación de antaño y Carlos continuó:

– Pues tengo dos informaciones que darte, una buena y otra mala. La primera es que en el cielo se juega pelota constantemente, de día y de noche, termina un torneo y comienza otro, realmente esto es el paraíso del béisbol.

Una sonrisa empezó a dibujarse en la cara de Rafael, pero su rostro no tardó en frisarse al escuchar la segunda noticia:
—Lo otro— siguió diciendo Carlos — es que *"calientes el brazo"*, porque estás designado para pichar aquí mañana.

Los seres humanos tendemos a no afrontar con seriedad lo que no comprendemos bien y acostumbramos por ello a inventar toda clase de chistes y bromas como fórmula de escape. Es el caso de la chanza que introduce esta unidad.

Algo que me viene a la mente cada vez que trato el tema de lo que está *"más allá de la vida"*, fue lo que sucedió con alguien cuya amistad disfruté poco tiempo.

Amelia era una hermosa e inteligente joven a quien conocí a través del Coro Estudiantil. Que supiera música hizo crecer nuestra relación a través de la actividad que compartíamos.

Un Viernes Santo, mientras se trasladaba junto a dos amigas por la estrecha carretera (con abundantes curvas verticales) que lleva desde la ciudad de la Romana hasta la playa de Bayahibe, chocaron de frente contra un conductor que venía en vía contraria. Fallecieron las cuatro personas.

Sus familiares me pidieron que acompañara con el órgano las canciones en una de las Eucaristías que se celebran durante los 9 días siguientes al sepelio, y no iba a negarme. Después de la lectura del Evangelio, el Cardenal, López Rodríguez, inició la homilía con esta afirmación:
– Yo no sé si el cielo y el infierno existen...

Sus palabras me hicieron despegar la vista de la partitura que examinaba para tocar durante el Ofertorio. *"Si el Cardenal no sabe eso, entonces, ¿quién puede saberlo?"*, pensé.
– No sé si existen en la forma que las personas los imaginamos – retomó el monseñor.
– Lo que sí sé – y lo dijo con una fuerza que me impresionó – es que...

Dios no puede permitir que se creen estos vínculos que nos unen unos a otros (padres e hijos, esposos, entre hermanos y amigos...) para que un acontecimiento externo y extraño, como es la muerte, los hagan desaparecer. Y eso me gustó y me convenció, nunca lo he olvidado. La muerte no es el final de nuestra historia ni de nuestras relaciones, concluí, trascienden esta vida que conocemos, fortaleciéndose y creciendo con la medida de la eternidad.

"EL CIELO"
DIJO EL PONTÍFICE JUAN PABLO II
"NO ES UN LUGAR FÍSICO ENTRE LAS NUBES.
EL INFIERNO TAMPOCO ES UN LUGAR,
SINO LA SITUACIÓN DE QUIEN SE APARTA DE DIOS.
EL PURGATORIO ES UN ESTADO PROVISIONAL
DE PURIFICACIÓN QUE NADA TIENE QUE VER
CON UBICACIONES TERRENALES. Y SATANÁS
ESTÁ VENCIDO DEFINITIVAMENTE;
JESÚS NOS HA LIBERADO DE SU TEMOR".

{ LISTÍN DIARIO, 12 DE SEPTIEMBRE DE 1999 }

Según el teólogo Rahner, la Escatología (el final de los tiempos) no es un reportaje anticipado de acontecimientos que sucederán en el futuro (como nos han hecho pensar las películas de ficción), sino *"la transposición, en el modo de plenitud, de lo que vivimos ahora bajo el modo de deficiencia"*.

Por consiguiente, cielo e infierno, purgatorio y juicio, no son realidades que comenzarán a partir de la muerte, sino que pueden desde ya ser vividas y experimentadas aun cuando de manera incompleta. Comienzan a existir aquí en la tierra y van creciendo hasta germinar plenamente en la muerte, sea para la frustración de aquel que se orientó negativamente y se cerró a la luz del sentido, sea para la realización plena del que se mantuvo constantemente abierto a toda realidad y en especial a Dios.

La muerte

Lo que me confió Faisal Abel (Director del Departamento de Deportes del colegio) aquella mañana, fue increíble y no me lo esperaba. Faisal, recién graduado del colegio, me dio clases en Quinto de Primaria. El mejor basquetbolista de su época en el país, llegó a ser parte del equipo *"Picadero"*, superior de España, recorriendo toda Europa en diferentes torneos. Dirigente exitoso de varios equipos nacionales de baloncesto, es miembro del Pabellón de la Fama del Deporte Dominicano. Ídolo en su patria, tuvo la dicha de acertar un billete completo con el Primer Premio de la Lotería Nacional Dominicana. Hago alusión a lo anterior porque él mismo dice que si pone en una balanza todas estas gratificaciones humanas *versus* la experiencia que vivió, no dudaría en estar del lado de esta última.

Lo que me contó fue lo siguiente. Durante un disgusto en el colegio, casi a punto de llegar a los puños con un empleado de mantenimiento, sintió que se *"le iban las fuerzas"* en los brazos y a seguidas un dolor intenso en el pecho. El médico que lo atendió diagnosticó un pre-infarto y recomendó tratamiento inmediato en la ciudad de Miami. Dos arterias y media tapadas, demandaban los respectivos *"by pass"* que lo obligaba a una traumática operación a corazón abierto. En ese entonces, este procedimiento quirúrgico prácticamente no se realizaba en el país.

Despertó de la intervención conectado a diferentes pantallas y equipos médicos necesarios para el control y recuperación postoperatorio. Mientras una de sus hijas lo visitaba, se disparó la alarma del electrocardiógrafo que monitorea el corazón. Entraron enseguida los médicos internistas alertados por la señal del aparato, sacando rápidamente a los visitantes de la habitación.

De repente, Faisal experimenta que su cuerpo se *"desdobla"*, asciende y queda *"boca abajo"* mirando la escena desde el techo de la habitación, unido por un tubo que se va afinando hasta conectarse con su cuerpo inerte acostado en la cama.

Piensa: *"parece que he muerto"*, y ve por primera vez, desde arriba, una doctora de pelo rubio que entra presurosa y reclama al médico de guardia, que en ese momento sollozaba sentado en la cama, para que le aplicaran al paciente choques eléctricos (electroshocks) con la máquina destinada a esos fines.

Es entonces cuando Faisal siente que se desprende del tubo conector de su cuerpo y es halado hacia detrás a través de una especie de túnel, mientras presiente tras él una luz intensa que nunca se volteó para mirar. Describe su estado como el más placentero jamás vivido y lleno de una inmensa paz, experimentando situaciones paradójicas como la percepción de totalidad que le permitía observar situaciones simultáneas de sucesos y personas de su vida pasada y presente. Señala que podía ver a las personas del colegio orando por él, y que esos rezos eran como *"manos"* que lo retenían y que él apartaba. Finalmente, se *"conecta"* de nuevo con su cuerpo.

Al despertar le aborda la duda: ¿habrá sido un sueño, alguna reacción a un medicamento, o fue real lo experimentado? Confuso, pregunta al día siguiente a su esposa el tiempo trascurrido durante el episodio de la emergencia en el que habían hecho salir a todos: *"unos 20 minutos"*, le dijo. Y es, precisamente ella, la que menciona a la doctora rubia que Faisal nunca vio salvo en su estado desde el techo de la habitación. Es aquí cuando empieza a convencerse de que *"lo que le pasó, pasó"*.

Confirma su certidumbre, cuando al ser dado de alta en el hospital, su hijo Amín lo lleva en silla de ruedas a un Mall, dejándolo solo durante un momento dentro de una librería donde lo primero que divisa es un libro desconocido para él que le pone los pelos de punta: *"Vida Después de la Vida"*, del Dr. Raymond Moody, en el que se narran decenas de testimonios de personas que experimentaron *"la muerte clínica"* y habían sido reanimadas. Los relatos de estas experiencias son notablemente similares en los detalles a lo contado por Faisal, quien testimonia que, desde entonces, todos sus miedos y fobias desaparecieron.

Lo que mi amigo vivió es llamado por algunos como *"experiencias del umbral"*. El umbral es el hueco bajo el dintel de la puerta que separa una habitación de otra. Explica el Dr. Moody que estas experiencias son mucho más frecuentes de lo que podemos imaginar, pero hay razones que hacen que los testimonios no abunden (el mismo Faisal me hizo su confidencia mucho tiempo después de que hubiera sucedido). Una de ellas es de carácter psicológico y cultural: la muerte es un tema tabú. Otra es la dificultad de encontrar palabras adecuadas para describir estos acontecimientos metafísicos que en nuestra realidad terrenal no experimentamos con nuestros sentidos, lo que conmina a usar analogías de experiencias que nos son familiares para explicarnos. Finalmente, los testigos están ante la incredulidad de las personas que los escuchan y que hacen inferencias acerca de si lo sucedido fue un sueño o los efectos de algún medicamento (como pensó Faisal al principio), entonces los protagonistas prefieren callarlo.

Lo que he narrado escapa de la esfera científica y de ninguna manera es materia de fe, pero no contradice la doctrina al respecto. Particularmente, pienso que la avala, razón por la que he reconstruido el relato y lo dejo a la consideración del lector.

Pasemos entonces a lo que la fe cristiana nos aporta al respecto, ya que como afirmamos en la unidad anterior, es la religión la que debe plantear respuestas a las necesidades de la dimensión espiritual (trascendente) del ser humano: el sentido de la vida y lo relativo al futuro de la persona y del mundo. Es ahí, sin lugar a dudas, donde nos encontramos con el enigma de la muerte y de *"la otra vida"*.

¿Habrá una situación en la que el hombre llegue a ser totalmente él mismo en cuanto a la potenciación del *principio-esperanza* que vibra en él?

La fe cristiana, profesando un optimismo invencible, proclama que sí. Que dentro de la vida humana se alza el telón de una ocasión única e irrepetible en la que el hombre, por primera vez, nace totalmente. O bien, acaba de nacer, y esa ocasión es la muerte.

"<u>Si no muere el grano de trigo</u>...
<u>hay que morir para vivir</u>...
<u>el que no nace de nuevo</u>
<u>del agua y del Espíritu</u>..."
Jesús

Esta respuesta podrá parecer a muchos terriblemente frustrante, porque la muerte es comprendida como fin de la vida. Rompe el modo de nuestra relación con el mundo, nos separa de los seres queridos y nos aleja del cuerpo que amamos. Es dolorosa y triste porque la vemos como el fin de una fiesta o como el último adiós de un encuentro.

La muerte es, ciertamente, el fin de la vida, pero entendiéndose fin, como meta alcanzada, plenitud anhelada y lugar del verdadero y definitivo nacimiento.

Siempre recuerdo, en este punto, el caso del niño que abandona el útero de la madre para nacer: está en un lugar oscuro, cómodo, confortable, cuando de repente, en su madurez fetal, fuerzas que no surgen de él empiezan a empujarlo hacia otro lugar, desconocido y diferente. Para él, está muriendo a la vida que ha conocido hasta entonces, mientras para otros, que lo esperan con alegría, el niño está naciendo.

La alegoría que más me gusta es la de cruzar el *"umbral"*, pasar a *"la habitación de al lado"*, como bien refleja este escrito atribuido a San Agustín:

La muerte no es nada. Yo sólo me he ido a la habitación de al lado. Yo soy yo, tú eres tú. Lo que éramos el uno para el otro, lo seguimos siendo.

Llámame por el nombre que me has llamado siempre, háblame como siempre lo has hecho. No lo hagas en un tono diferente, de manera solemne o triste. Sigue riéndote de lo que nos hacía reír juntos. Que se pronuncie mi nombre en casa como siempre lo ha sido, sin énfasis ninguno, sin rastro de sombra.
La vida es lo que es, lo que siempre ha sido. El hilo no está cortado. ¿Por qué estaría yo fuera de tu mente, simplemente porque estoy fuera de tu vista?
Te espero... No estoy lejos, justo del otro lado del camino... ¿Ves?, todo va bien. Volverás a encontrar mi corazón. Volverás a encontrar mi ternura acentuada. Enjuaga tus lágrimas y no llores si me amas.

La muerte, en cuanto a un fin concreto, es verdadera: marca la ruptura de un proceso biológico-temporal, y crea una división entre el tiempo y la eternidad. Pero el hombre es algo más que vida animal. Más que tiempo, porque suspira por la eternidad del amor y la vida. El hombre es persona e interioridad. Para esa dimensión la muerte no es un fin definitivo, sino un fin plenificante y un fin, que a su vez, es meta alcanzada.

Apelo a esta frase de *Charles Dickens*, a manera de síntesis, sobre el concepto cristiano de la muerte:

"EL DOLOR DE LA SEPARACIÓN
NO ES NADA,
COMPARADO CON LA ALEGRÍA
DE REUNIRSE DE NUEVO".
CHARLES DICKENS

El juicio al morir

*Aclaraciones necesarias.

En el lenguaje humano, la palabra *"encontrar"* tiene varias acepciones: me puedo encontrar en un lugar, me puedo encontrar con alguien, o me puedo encontrar en una situación. De hecho, en un mismo lugar, me puedo encontrar en situaciones diferentes. Entonces, en lo adelante, para poder explicar los siguientes conceptos desde la óptica de la doctrina cristiana, pensemos no en lugares, sino en situaciones.

Definitivamente, el *"juicio al morir"* o *"juicio de Dios"* NO es un juicio de abogados defensores, fiscales acusadores, ni de jueces que dictan sentencia.

Los cristianos creemos que al morir nos encontraremos con Dios, y ese encuentro decidirá nuestro destino eterno. ¿Qué definirá nuestra suerte? No son los incidentes casuales, un pecado o una buena acción, lo que determinará el que nos condenemos o nos salvemos.

Ahora bien, todo *"encuentro"* produce un juicio que está fundamentado en un sentimiento fruto de una valoración de lo que sé y he vivido en relación a ése *"con quién"* me voy a encontrar. Esto se traduce en una actitud que me llevará a tomar una decisión como resultado del juicio que surge en mí (no en la otra persona) acerca de dicho encuentro.

Si el resultado del juicio que yo emito, a causa de lo anterior, es positivo, querré encontrarme con el OTRO: la certeza del encuentro me producirá una gran alegría, me llenará de paz y felicidad. Por el contrario, si mi juicio resulta negativo, rechazaré el encuentro, me llenaré de vergüenza, temor e inseguridad, lo evitaré y decidiré (ejerciendo mi libertad) NO encontrarme con ese OTRO.

En consecuencia, el concepto teológico de SALVACION es llegar al encuentro concreto, definitivo y eterno con ese ALGUIEN *"revelado"* y descubierto a través de la *"historia vivida y reflexionada"* y confrontada con la Palabra de Dios, anunciado por Jesucristo, en Quien se realiza la *"utopía"* (nuestra ansia de renovación y perfección) y en Quien se cumplen todos los deseos profundos (pulsiones) que laten en nuestro interior, satisfaciendo nuestra dimensión trascendente y que nos realiza plenamente como persona integral en todas sus dimensiones.

El concepto teológico de CONDENARSE, por el contrario, es la frustración absoluta de la persona por no llegar al encuentro concreto y definitivo con ese ALGUIEN, fruto del rechazo ejercido por decisión propia tomada con entera libertad, a través del juicio emitido por la misma persona al final de su existencia terrena.

Derivadas de estas interpretaciones de la *"revelación de Dios"* y ese *"juicio-encuentro al morir"*, la fe cristiana hace las siguientes afirmaciones:

» Dios no prepara emboscadas a los hombres dejándolos morir miserablemente para vengarse de los ultrajes cometidos contra Él. *Es un dogma de la fe cristiana que Dios da a todos, y en concreto, la condición suficiente para que puedan salvarse.* Esto incluye a las personas sin bautismo, que constituyen la mayor parte de la humanidad.

» Por otra parte, *no se empuja a nadie al cielo o al infierno* por haber nacido uno en el cristianismo y el otro en un ambiente pagano o bajo ideologías ateas, por haber uno experimentado lo que significa amar y ser amado, haberse sentido perdonado y aceptado por Dios, y el otro no haber oído siquiera palabras de promesas y gestos de esperanza.

» Si la muerte se presenta como la situación privilegiada de la vida, por la que *el hombre entra en una completa maduración espiritual y en la que la inteligencia, la voluntad, la sensibilidad y la libertad pueden, por primera vez, ser ejercidas en plena espontaneidad, sin los condicionamientos exteriores y las limitaciones inherentes a nuestra situación en el mundo,* sólo en ella se da también, por primera vez, la posibilidad de una decisión totalmente libre que exprese al hombre por entero ante Dios, ante los demás y ante el universo.

» *Todo hombre se encontrará un día cara a cara con Dios y con el Resucitado, aunque durante su existencia ni siquiera haya escuchado hablar de ellos.* En un instante se le ofrecerá la oportunidad de ser cristiano, de optar por Dios y por Cristo. Esto vale no solamente para los paganos, sino también para los débiles mentales que nunca llegaron al umbral de la conciencia y de la libertad, para los millones de niños que murieron antes de nacer, y finalmente, para las víctimas de muertes repentinas, a las que las circunstancias no les permitieron prepararse para morir.

Tras la muerte, cada fibra del ser humano quedará transparente, las dobleces de su historia personal se tornarán traslúcidas y él se tendrá en sus manos como nunca antes. Su consciente se sumergirá en lo más recóndito de su inconsciente personal y colectivo para descubrir las verdaderas dimensiones del bien y el mal realizados, y percatarse de que no sólo se afectaba a sí mismo, sino que contaminaba a todos, ya como epidemia, ya como bendición. Aquí lo que está mal no podrá ser justificado. No se valdrá apelar a la falta de conciencia. Nunca hacemos tan perfectamente el mal como cuando no nos damos cuenta de que lo estamos haciendo. Si no hemos sido críticos durante la vida, el juicio divino nos obligará a serlo.

Todo saldrá a la luz:
» El calumniador verá la verdad.
» El que nunca se cuestionó, sino que siempre actuó como si tuviera la razón, verá la luz.
» Al fariseo, que instauraba su conveniencia como medida de la fe, le quedará patente su mala voluntad.

En fin, el hombre descubrirá, bajo la luz divina, su fidelidad o infidelidad al amor al prójimo, con el que Cristo se identificó:

"PUES LOS QUE NO HAN TENIDO COMPASIÓN DE OTROS, SIN COMPASIÓN SERÁN TAMBIÉN JUZGADOS, PERO LOS QUE HAN TENIDO COMPASIÓN SALDRÁN VICTORIOSOS EN LA HORA DEL JUICIO".
SANT 2, 13

EL QUE CREE Y VIVE CON COHERENCIA, SIN EMBARGO, YA DESDE AHORA "TIENE VIDA ETERNA Y NO SERÁ CONDENADO, PUES YA HA PASADO DE LA MUERTE A LA VIDA".
JN 5, 24

» En ese juicio crítico, radical y definitivo, el hombre llega a su edad adulta. Aún el feto más minúsculo que murió y no tuvo decisión, se convertirá en adulto y maduro para entrar en la eternidad. Nada sabemos acerca de cuál será su decisión; creemos, sin embargo, que será a favor de Dios, porque para Él nacemos y sólo nos separamos de Él por la culpa propia. Y de esta culpa, está personalmente libre el niño inocente.

Afirmamos que el juicio al morir no es un balance matemático sobre la vida pasada en el que aparecen ante Dios el saldo y la deuda, el pasivo y el activo, sino que adquiere dimensión propia como una última decisión ante Dios con posibilidad de una conversión para el pecador.

Sin embargo, tendremos también que afirmar que el momento de la muerte está íntimamente ligado al pasado del hombre. La decisión en la hora de la muerte no es una decisión inicial, sino una decisión final: en ella se resumen y se expresan, en un último acto, todas las decisiones tomadas con anterioridad. La decisión final es el fruto de lo que el hombre sembró y permitió que creciera durante su vida. Las opciones parciales son una preparación y educación para la última decisión.

El purgatorio

Son relativamente pocos los hombres que realizaron de manera ejemplar y en la época que les tocó vivir, una maduración interior que alcanzara las cumbres de la perfección humano-divina: María, Juan Bautista De La Salle, Juan XXIII, Teresa de Calcuta, Mahatma Gandhi, entre otros. La mayoría de los seres humanos llega al fin de su vida, no como una estatua concluida, sino como un busto inacabado. La mayor parte no pasa de ser un boceto de un dibujo, una sinfonía sin final, un proyecto de vida inconcluso.

Con Dios no puede convivir nadie que no sea totalmente de Dios. ¿Qué sucede entonces con el hombre cuando llega al fin de su vida y tiene que adentrarse al ámbito del absoluto perfecto, siendo él pecador e imperfecto? Este es el lugar teológico del purgatorio.

El purgatorio es una situación humana. Significa la posibilidad gratis que Dios le concede a la persona de poder madurar radicalmente al morir.

El purgatorio es un proceso doloroso, como todos los procesos de ascensión y educación, por el que el hombre al morir actualiza todas sus posibilidades, se purifica de todas las marcas que el pecado realizó en su vida.

Una de las analogías que usamos para referirnos al purgatorio es la de *"acrisolar"*: el proceso mediante el cual se le quita al oro que se extrae de la tierra todas sus impurezas.

Personalmente, me gusta usar la comparación con la excursión al Pico Duarte: acabamos de alcanzar la cima, pero en el trayecto nos hemos ensuciado. Como premio nos invitan a una gran fiesta en nuestro honor donde nos espera toda la gente que queremos. Estamos deseosos de disfrutar del banquete, pero... ¿no elegiríamos asearnos y vestirnos adecuadamente antes de entrar a disfrutar de la celebración?

La tradición popular ha imaginado el purgatorio, no como una antesala del cielo, sino como un ante-infierno, una sala de torturas.

No se han resaltado los sentimientos de alegría de los que, en el purgatorio, ya se sienten y se saben salvados.

Santa Catalina de Génova decía acerca de esto que no había almas más felices que las del purgatorio, luego de las que estaban en situación de cielo.

Reflexión bíblico-teológica

Históricamente, la base bíblica del purgatorio ha sido un permanente punto de fricción entre católicos y protestantes. En vano buscaremos un pasaje bíblico que hable formalmente del purgatorio, lo cual no implica que no exista ningún fundamento bíblico.

Los textos de la Escritura a los que podemos aludir se deben de leer tomando en cuenta el ambiente en el que fueron escritos, es decir, las coordenadas religiosas y de fe que reflejan. Los textos sugieren que Dios quiere que nos acordemos y recemos por los muertos, que, aunque invisibles, no están ausentes; que formamos una única gran familia de vivos, unos peregrinando, otros en la Patria, todos alabando a Dios. La teología empleará otro lenguaje y hablará del Cuerpo místico de Cristo y de la *"comunión de los santos"*.

El purgatorio es simplemente la etapa final de la santificación. Si el proceso de la santidad no se ha terminado en la tierra, si nosotros todavía estamos llenos de egoísmo y amor propio, Dios, en su infinita misericordia, continúa este proceso luego de nuestra muerte para que podamos gozar de su gloria.

"Un día se verá el trabajo de cada uno. Se hará público en el día del juicio, cuando todo sea probado por el fuego. El fuego, pues, probará la obra de cada uno. Si lo que ha construido resiste el fuego, será premiado. Pero si la obra se convierte en cenizas, el obrero tendrá que pagar. Se salvará, pero no sin pasar por el fuego".

1Cor 3, 13-15

"No entrará nada manchado (impuro)".

Ap 21, 27

El fuego tiene aquí un valor exclusivamente figurativo.

Pablo, en vez del purgatorio, prefiere hablar de un proceso de crecimiento hacia la perfección que él mismo *"persigue corriendo, sin haberla aún alcanzado"*. (Flp 3, 12-16) En otro lugar escribe que *"Dios, que comenzó la obra buena, también la completará hasta el día de Jesucristo"* (Flp 1, 6) que es el día del gran juicio. Llama a esa perfección *"la madurez del varón perfecto"* y *"la medida plena de la edad de Cristo"* (Ef 4, 13).

A partir de estos textos, reflexionando teológicamente, es como podemos hablar responsablemente acerca del purgatorio en cuanto al proceso de maduración verdadera a la que el hombre debe llegar para poder participar de Dios y de Jesucristo.

El cielo

Ante el cielo deberíamos callar. Estamos ante la absoluta realización humana. Ya no nos encontramos en el umbral, sino dentro de la casa del amor y en la patria de la identidad. Todo cuanto el hombre soñó, todo lo que sus utopías proyectaron, todo lo que estaba escondido en su naturaleza y que se retorcía por salir a la luz, ahora brota y florece. El *"hombre escondido"* emerge totalmente como el *"hombre revelado"*.

Lo aún no experimentado y siempre anhelado, lo aún no encontrado y siempre buscado, el descanso permanente y a la vez el grado más alto de concentración de todas las actividades, la identidad última consigo mismo, la unión con el misterio inefable de Dios y la presencia íntima en todas las cosas sin residuo alguno de alienación: todo ha llegado por fin a su máxima convergencia. San Pablo, a quien le fue concedido vislumbrar la absoluta realización humana, habla del lenguaje del silencio:

"LO QUE NUNCA EL OJO VIO NI OÍDO OYÓ,
NI JAMÁS PENETRÓ EN EL CORAZÓN DEL HOMBRE,
ES LO QUE DIOS HA PREPARADO
PARA LOS QUE LE AMAN".
1 COR 2, 9

¿POR QUÉ AL CIELO SE LE LLAMA CIELO?

Cielo significa el firmamento casi infinito que está sobre nuestras cabezas. Las religiones antiguas que tematizaron profundamente la experiencia de la grandiosidad del cielo y del sol, veían en ello el símbolo de la realidad divina. El cielo es el *"lugar"* donde Dios mora. "Allá arriba", el cielo, no debe entenderse localmente, sino como la pura trascendencia, es decir, como aquella dimensión que se nos escapa infinitamente al igual que las distancias inconmensurables del cielo-firmamento. La palabra cielo simboliza la satisfacción del hombre que anhela el infinito. El cielo es sinónimo de Dios y, para el Nuevo Testamento, de Jesucristo Resucitado.

El cielo no es la parte invisible del mundo. Es el mismo mundo, pero en su modo de completa perfección e inserto en el misterio de la convivencia divina. El cielo no es un lugar hacia el que vamos, sino la situación de cuantos se encuentran en el amor de Dios y de

Cristo. Por eso el cielo ya está aconteciendo (Lc 10, 10; Flp 4, 3; Ap 20, 15).
Su plenitud, con todo, todavía está por venir.

EL CIELO ES PROFUNDAMENTE HUMANO

El cielo realiza al hombre en todas sus dimensiones:
» *La dimensión orientada al mundo,* en cuanto a presencia e intimidad fraterna con todas las cosas.
» *La dimensión orientada al otro,* en cuanto a comunión y hermandad perfecta.
» *La dimensión orientada a Dios en cuanto a unión filial* y acceso definitivo a un encuentro último con el amor.

Todo esto en la tierra podemos soñarlo, pero nunca lo vemos realizado de manera permanente y duradera.

Si el cielo es profundamente humano, será un encuentro radical. Encuentro significa capacidad de *"ser en los otros"* sin perder la propia identidad. El encuentro supone aceptar lo diferente como diferente, acogerlo y dejarse enriquecer por ello.

El cielo en cuanto a encuentro quiere decir que el hombre, en la medida en que se abre cada vez más a nuevos horizontes divinos y humanos, se encuentra también más consigo mismo y constituye, junto con aquel a quien ha encontrado, una comunión vital. Cuanto más se diferencie uno de otra persona tanto más será enriquecido por ella. Encontrarse es poder percibir la unidad y la comunión en la diferencia; no lo es convertir a todos iguales o en homogéneos. Eso haría infeliz al mundo y convertiría al cielo en una eterna monotonía.

El encuentro nunca se da por acabado, sino que puede crecer indefinidamente. Cuando Dios es el término del encuentro, entonces éste ya no tiene fin; se implanta en ese encuentro una fuerza que no se agota o queda limitada, sino que se abre a dimensiones cada vez más nuevas y diversas del multiforme misterio del Amor.

El cielo como patria y hogar de la identidad

Si el cielo consiste en la confluencia de todos los dinamismos latentes en el mundo, que entonces afloran plenamente en Dios, no deberemos representar ese aflorar como un acto de magia divina que crea otro cielo y otra tierra. Dios no crea otra realidad: hace nueva la vieja. Y la hace nueva llevando a su plenitud todo lo que está depositado como virtualidad en el interior de la historia del mundo y de cada persona. Nuestros propios esfuerzos de crecimiento no se perderán. Con ellos vamos dándole una forma concreta, aunque imperfecta, al cielo futuro. Esos esfuerzos nuestros serán reasumidos por Dios que los hará desembocar en su objetivo final.

Recojo un ejemplo de la vida real que pienso que nos ayudará a comprender. Conocemos el ojo y su capacidad de visión. Esa capacidad comprende una escala muy variada de posibilidades. El recién nacido puede ver poco, pero lentamente su órgano se va perfilando: distingue objetos, diferencia las personas y poquito a poco va percibiendo las distancias.

A medida que el hombre crece, su capacidad de visión aumenta: percibe la multiplicidad de los colores, acumula experiencias y diferencia con mayor agudeza los objetos. Puede desarrollar su visión hasta el punto de transcender la percepción física de las cosas: capta los símbolos y ve las realidades y valores espirituales que ellos representan. El artista capta los matices, detecta formas secretas, ve el mensaje de las piedras y acoge el lenguaje luminoso de los cielos.

La vista puede volverse tan aguda que gracias a ella podemos captar el alma de las personas, sus sentimientos y sus secretos. A pesar de toda esta gama de posibilidades, nuestra visión puede todavía desarrollarse indefinidamente.

El cielo es la total realización de las posibilidades de ver, no la superficie de las cosas, sino su corazón. El cielo es la fiesta de los ojos hasta el punto que la visión del ojo terreno puede ser considerado como una forma de ver a través de un espejo y confusamente (1 Cor 13, 12), cuando se la compara con la visión en situación de cielo.

> "Ahora vemos de manera indirecta, como en un espejo, y borrosamente; pero un día veremos cara a cara. Mi conocimiento es ahora imperfecto, pero un día conoceré a Dios como él me ha conocido siempre a mí".
>
> San Pablo

Jesucristo resucitado nos da una idea de lo que puede ser el cielo. Su cuerpo, sus palabras, sus llagas, su presencia, su capacidad de comunicación... nada que sea humano queda marginado, sino que es asumido y plenificado: libre ya de todo lo que le limitaba a las coordenadas de este mundo espacio-temporal, está ahora situado en el corazón del mundo y del hombre, uniendo y amando todo.

Si el cielo es un descanso...

Recuerdo que una vez mi tía Gloria me comentó que, si el cielo era estar eternamente rezando y alabando a Dios, la cosa le parecía, francamente aburrida, que tenía que ser algo más.

La vida junto a Dios ha sido comúnmente presentada como un descanso beatífico, lo que sugiere la idea de monotonía y aburrimiento. El pueblo, como reacción, ha acuñado un dicho gracioso, pero teológicamente muy profundo: *"Si el cielo es un descanso, prefiero vivir cansado"*. Con él indica que en el cielo debe haber una actividad auténticamente creativa y plenificante.

En verdad la historia continúa en el cielo, pero no con la ambigüedad del tiempo terreno en el que el bien y el mal andan siempre juntos. Será la historia del hombre con Dios. Por eso se dará un crecimiento en el cielo, indefinidamente. Dios no aumentará, pero sí la participación de las criaturas en Dios. Jamás seremos como Dios, pero podemos parecernos cada vez más a Él a medida que penetremos en su Misterio y se nos vaya revelando la profundidad sin límites de su Amor.

En el cielo se producirá la complejidad de todas las paradojas: será un dinamismo en el descanso, tranquilidad en la actividad, paz en el movimiento de la novedad, crecimiento sin perder nada del pasado. Al Hno. Alfredo Morales le gustaba repetir esta frase que recoge algo de lo anterior:

"El cielo es un lugar donde nunca se dan las despedidas".

El cielo comienza en la tierra

El cielo no es el fruto de especulaciones difíciles para la inteligencia y para la fantasía, como han querido presentárnoslo. Es la potenciación de lo que ya experimentamos en la tierra. Cada vez que en la tierra hacemos la experiencia del bien, de la felicidad, de la amistad, de la paz y del amor, ya estamos viviendo, de forma precaria pero real, la realidad del cielo.

En la vida se dan momentos de profunda tranquilidad y transparencia. Como por encanto, las cosas grandes y pequeñas se destacan en sus debidas proporciones. Sentimos el mundo en una última reconciliación y con un sentido acogedor. Esos momentos pueden ser fugaces, pero suceden. Cuando acontecen, hemos experimentado dentro de la tierra el germen de lo que es el cielo.

El infierno

El cristianismo como religión que toma al hombre profundamente en serio.

Si el cristianismo es una religión del amor, es también una religión de la libertad. El amor sin libertad no existe. No se ordena ni se compra; es una donación libre. El amor es decir sí y amén a otro tú; es dar con responsabilidad una respuesta a una propuesta.

Dios nos hace una propuesta de amor: que seamos hombres nuevos, que vivamos con Él, que participemos en su proyecto de eternidad. No nos obliga; nos invita. Y su propuesta espera respuesta. Nuestra respuesta puede ser positiva o negativa. Al amor se le puede pagar con amor, pero también se le puede pagar con indiferencia. Podemos elegir llevar nuestro proyecto existencial totalmente solos.

A Dios se le puede decir que no. Y Dios toma al hombre absolutamente en serio, como son serios el amor y la decisión libre. Dios respeta tanto al hombre que no intervino cuando su Hijo fue condenado a muerte. Prefirió dejar que Jesús muriera como un malhechor, antes que interferir en la decisión libre de los judíos.

El hombre posee una dignidad absoluta: poder decirle no a Dios.

El hombre puede hacer una historia para sí, centrada en su yo. Dios lo respeta, aunque sabe que cuando el hombre es dejado y entregado a sí mismo es *"el más inhumano de todos los animales"*. No es un animal, pero puede convertirse en uno de ellos. El hombre puede alzarse contra Dios, contra su creador. Es libre y puede decidir vivir para Dios o para sí mismo.

Existe una cosa que no fue creada por Dios y sin embargo es real. Cuando, para hacerse el centro de la vida, el hombre explotó a su hermano, mató, torció su rostro ante el pobre y se amó más a sí mismo que a su prójimo, surgió lo que llamamos infierno.

El infierno no es creación de Dios sino del hombre. Porque existe el hombre malo, egoísta y el hombre encerrado en sí mismo, existe el infierno creado por el hombre mismo. El infierno no proviene de Dios, proviene de un obstáculo puesto a Dios por el pecador. El hombre, criatura pasajera y relativa, puede crear para sí algo absoluto y definitivo.

EL INFIERNO EXISTE, PERO NO ES EL
DE LOS DIABLOS CON CUERNOS

Hay personas que afirman que el infierno es un invento de los curas para mantener al pueblo sometido. Pero nadie puede negar el mal, la malicia, la mala voluntad, el crimen calculado y pretendido, y la libertad humana. Porque existe todo eso, existe también el infierno, que no es el de los diablos con cuernos creado por la fantasía religiosa, sino el creado para sí mismo por el que se condena.

El infierno es la condición de quien se ha endurecido en el mal. Por consiguiente, es un estado del hombre y no un lugar al que se es echado donde hay fuego y diablos con enormes garfios que se dedican a asar a los condenados sobre parrillas.

¿Qué dice la Sagrada Escritura sobre el infierno?

El telón de fondo de todos los textos referentes al infierno consiste en la triste realidad del hombre que puede fracasar en su proyecto de vida, que puede perderse y encerrarse.

Cristo vino a predicar la liberación, a ofrecer a la oruga la oportunidad de convertirse en espléndida mariposa.

Cristo conocía la posibilidad del hombre de construirse un infierno. Por eso un elemento esencial de su predicación consistió en llamar a la conversión. Conversión quiere decir volver al buen camino y volver a pensar según el sentido de la propuesta divina. Cuando el hombre se endurece en su mal y muere de ese modo, entra en un estado definitivo de absoluta frustración. Es la infelicidad máxima que el hombre puede adjudicarse. A un estado semejante la Biblia se refiere con varias formulaciones:

» *El infierno como fuego inextinguible* (Mt 24, 41): Por mucho que discutan los teólogos, el fuego aquí es una figura simbólica. El fuego (para el hombre antiguo, lo más doloroso y destructor) quiere expresar la situación desoladora del hombre alejado definitivamente de su proyecto fundamental y de la felicidad, que es Dios.

» *El infierno como llanto y crujir de dientes* (Mt 8, 12; Lc 13, 28): El hombre llora cuando se ve acometido por un dolor violento. Cruje los dientes cuando siente rabia de rebelarse contra una cosa que no puede modificar ni cambiar. Llorar y crujir los dientes son aquí metáforas de una situación de rebelión impotente.

» *El infierno como tinieblas exteriores* (Mt 8, 12; 22, 13): El hombre busca la luz y se siente llamado a contemplar el mundo y las maravillas de la creación. En el infierno, en la situación que él mismo ha escogido, no encuentra lo que busca con el anhelo más hondo de su corazón. Vive en las tinieblas exteriores, en el exilio, fuera de la casa paterna.

» *El infierno como cárcel* (1Pe 3, 19): El hombre ha sido llamado a la libertad y a la transformación del mundo que lo rodea. Ahora se siente atado y preso. Es prisionero del pequeño mundo que se creó y en el que está solo; no puede moverse ni hacer nada.

» *El infierno como gusano que no muere* (Mc 9, 48): Esto puede significar dos cosas: la situación del condenado es como la de un cadáver devorado por un gusano insaciable y, también, puede significar el gusano de la mala conciencia que lo corroe y no le permite la más mínima paz interior.

» *El infierno como muerte, segunda muerte y condenación:* San Juan concibe el cielo como vida eterna. El infierno es la muerte (Jn 8, 51) o también la segunda muerte (Ap 2, 11; 20, 6). Si Dios es la vida entonces la ausencia de Dios es la muerte.

Todas estas figuras han sido extraídas de experiencias humanas: el dolor, la desesperación, la frustración. El valor de las imágenes reside en el hecho de mostrarnos la situación del condenado en cuanto a irreversible y sin esperanza. El infierno recorta al hombre en su cualidad de hombre: llamado a la libertad, vive en una cárcel; llamado a la luz, vive en las tinieblas, llamado a vivir en la casa paterna con Dios, tiene que vivir fuera, en las tinieblas exteriores; llamado a la plenitud, vive sin realizarse eternamente, con la certeza y la desesperación de no poder jamás llegar al objeto de sus deseos.

¿ES POSIBLE QUE EL HOMBRE SE CREE UN INFIERNO Y DIGA NO A LA FELICIDAD?

Alguien podría objetar *"nadie se decide por el infierno, aunque él mismo lo haya creado. Nadie puede querer con voluntad firme la infelicidad y la soledad absoluta"*.
El hombre siempre busca la felicidad. A veces se engaña. Si comprendiera lo que significa Dios, nunca lo negaría. Pero para amarlo o negarlo, no es necesario caer en cuenta de su identidad. Dios nunca se muestra cara a cara. Nos sale al encuentro en las cosas de este mundo. Según Mt 25, en el juicio los condenados le dicen a Dios espantados: *"Señor, ¿cuándo te vimos hambriento y no te dimos de comer? ¿Cuándo te vimos desnudo y no te vestimos?"* Los malos protestan porque afirman que nunca se han encontrado con Dios ni tomado partido por Él. Y la respuesta del juez es: *"En verdad les digo que cuando dejaron de hacer eso a uno de estos pequeños, a mí me lo hicieron"*. Y son condenados al infierno.

"Si el hombre no comprende el infierno es porque todavía no ha comprendido su corazón". El hombre lo puede todo. Puede ser un Judas y puede parecerse a Jesús de Nazaret.

Puede ser un santo y puede ser un demonio. Hablar de cielo y hablar de infierno es hablar de lo que el hombre puede ser capaz. El que niega el infierno no niega a Dios ni a su justicia; niega al hombre y no lo toma en serio. La libertad humana no es cosa de broma; es un riesgo y es un misterio que implica la absoluta frustración en el odio o la radical realización en el amor. Con la libertad todo es posible, incluso el infierno.

Mientras el hombre se encuentre en el camino, el tiempo será siempre tiempo de conversión.

Convertirse es hacer como el girasol: volverse siempre hacia la luz, hacia el sol, y acompañar al sol en su camino. El sol es Dios que, en este mundo, se manifiesta humilde y de incógnito en la persona de cada hombre con el que nos encontramos. Si estamos siempre dispuestos a aceptar a los demás, si estamos siempre a la expectativa de abrirnos a un tú, sea quien sea, entonces nos encaminamos hacia la salvación y la muerte no nos causará ningún mal; y el infierno será sólo una posibilidad alejada de nuestra vida; pero una posibilidad real.

Conclusión:
El realismo cristiano

El cristiano es un ser extremadamente realista. Conoce la existencia humana en su dialéctica tensada entre el bien y el mal, el pecado y la gracia, la esperanza y la desesperación, el amor y el odio, la comunicación y la soledad. Vive en esas dos dimensiones. Sabe que mientras esté de camino podrá inclinarse hacia a uno u otro lado.

En cuanto a cristiano, se ha decidido por el amor, por la comunión, por la esperanza, por la gracia. Cristo nos enseñó cómo debemos vivir esa dimensión. Si nos mantenemos en ella seremos felices desde ahora y para siempre. Con esto no se disminuye la dramaticidad de la existencia humana; pero ya nos dijo Cristo antes de partir:

"Confíen, yo he vencido al mundo".

Juan 16, 33

Si nos mantenemos abiertos a todos, a los demás y a Dios, y si intentamos poner el centro de nosotros mismos fuera de nosotros, entonces estamos seguros: la muerte no nos hará mal alguno y no existirá segunda muerte. En este mundo comenzaremos a vivir el cielo, tal vez entre peligros, pero seguros de que estamos ya en el camino cierto que ha de llevarnos a nuestra meta definitiva: la casa paterna.

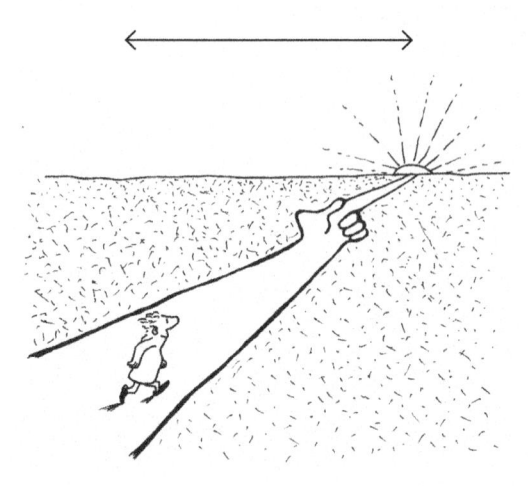

"Cuando llevas *el sol por dentro*,
no importa si afuera llueve".
"*Si quieres ser feliz, elige una meta
que motive tu yo interior,
ilumine tu camino y de sentido
a tu esperanza*".

11
Una Luz en la Oscuridad

*"El hombre es como una bicicleta:
sólo conserva el equilibrio
si está caminando hacia una meta".*

Dr. Maxwell Maltz

El tercer elemento en nuestro esquema del Proyecto de Vida es la Meta. No es casual que la hayamos representado con un sol en lo alto. El sol produce luz y calor; sin él no existiría la vida humana. Así mismo, sin metas no podríamos hablar de un proyecto.

Al relacionar la luz y el calor con la META, puede decirse de ésta que:
- **Guía, orienta y anima al YO.**
- **Ilumina, aclara, le facilita el CAMINO.**

¡Qué triste y dificultoso es caminar en la oscuridad! Los que caminamos en las rutas hacia el Pico Duarte podemos apreciar la enorme diferencia entre caminar en el día y caminar en la noche, aún con foco. Un amigo asociaba también las metas e ideales a la cantimplora en la que cada uno lleva agua para las largas caminatas: cuando ya no se puede más, cuando uno está casi deshidratado, se da un trago de agua y puede continuar.

El evangelio hace referencia a la luz y nos dice que:

*"No se enciende una lámpara
para taparla, ni se prende un candelero
para ponerlo debajo de la mesa,
sino en lo alto para que alumbre
a todos los de la casa".*

Por ello, en nuestro esquema, el sol que representa a la META está colocado encima.

Hace varios años don Luis García Dubus, ex-alumno lasallista de la época en que el Colegio estaba en la calle Padre Billini, me invitó a participar en un curso que él había creado con un nombre muy sugestivo: *"Éxito y Metas"*. Se han celebrado ya cientos de estos cursos y muchas personas testimonian lo valioso que ha sido para su vida aplicar lo descubierto en ellos. Yo mismo he ayudado a impartirlos en dos ocasiones. El material de apoyo de los cursos es un libro titulado *"¿TIENE USTED MENTALIDAD DE ÉXITO?"* Esta unidad la desarrollaremos citando historias verdaderas extraídas de este pequeño, pero sustancioso libro, y subrayando de cada anécdota una valiosa conclusión que nos confirme el significado y la importancia de *"la META"* en la vida de las personas. La primera historia es un relato del autor, de sus años de colegio:

Todos mis amigos, compañeros de clase durante muchos años, formaban una larga fila frente a aquella ventanilla.

Ellos estaban inscribiéndose en el último año de bachillerato, tras el cual pasarían a la Universidad, o a uno u otro trabajo.

Unos se inscribían en la rama de matemáticas, pensando ser en el futuro Ingenieros, Contadores, Administradores, etc. Otros escogían la rama de ciencias naturales; esos serían los futuros Médicos, Dentistas, Químicos, etc. Otros finalmente se apuntaban en la rama de ciencias sociales, para luego convertirse en Abogados, Políticos, Maestros, etc.

Sólo un joven de todo aquel grupo no estaba en fila para inscribirse, porque no podía hacerlo, y ese era, desgraciadamente, yo. Estaba pasando un momento de verdadero apuro ese día. Mi problema no era económico. Tampoco estaba enfermo física ni mentalmente, aunque no estoy tan seguro de esto último, porque en realidad tenía un terrible virus dentro de mi mente: el virus de la indecisión.

Me sentía como si hubiera llegado al final de una calle, y tuviera necesariamente que doblar a la izquierda o a la derecha para seguir un nuevo camino desconocido. Y allí estaba yo, solo, parado al final de aquella calle (y al costado de aquella fila) sin saber hacia qué lado doblar.

Parecía que todos tenían su mente bien clara en cuanto a qué iban a estudiar, mientras yo me retorcía el cerebro tratando de tomar una decisión adecuada. El tiempo me presionaba. La fila se iba reduciendo rápidamente y en pocos minutos faltaría sólo yo por inscribirme, así es que, sea por lo que fuera, tenía que decidirme enseguida.

Finalmente pensé que había sido siempre bueno en matemáticas y sin considerarlo más me añadí a la fila, que en ese momento estaba reducida a sólo unos seis o siete. Al hacerlo me sentí más tranquilo, aunque no seguro aún.

Entonces, habiendo sólo dos delante de mí, pasó algo inesperado. Recordé que en una ocasión había oído decir a mi madre dirigiéndose a una amiga: "¡Ojalá Luis estudiara Odontología! ¡Me gustaría que fuera Dentista...!"

Ese solo pensamiento me hizo cambiar de idea repentinamente. En un segundo decidí inscribirme en la rama de ciencias naturales para luego estudiar Odontología.

En ese momento llegó mi turno y así lo hice.

Dos años y medio más tarde, cuando ya estaba cursando el segundo año de Odontología en la Universidad, murió mi madre. ¿Qué hice yo entonces? Pues dejar los estudios enseguida y buscarme un trabajo. Así de simple.

Ahora me doy cuenta de por qué lo hice. Sencillamente nunca me había fijado la meta de ser dentista. Estaba estudiando sólo para complacer, aunque secretamente, a mi madre. Desaparecida ella, no había razón para seguir esforzándome en aprender algo que, después de todo, no me entusiasmaba. De un día para otro me había quedado sin meta, y al perder la meta, perdí la carrera. Para mí resulta clarísima esta simple idea:

Quien pierde la meta,
pierde la carrera.

Cuando digo "*carrera*" no me refiero únicamente a estudios universitarios, me refiero a todos los logros que podemos alcanzar, a todo lo que te puede producir felicidad y satisfacción en la vida. El éxito en tus relaciones sociales, en tu trabajo, en tu matrimonio, en tus estudios, en tu relación con Dios, en todo, dependerá de que tengas metas definidas que te motiven.

Sin metas, no actuarás con eficiencia en ningún área, y perderás la carrera una y otra vez. Y ni tú ni yo podemos ser felices si somos perdedores.

La segunda historia le sucedió a una persona de "*éxito social*", pero estoy seguro de que a ninguno de nosotros nos gustaría llegar a donde él lo hizo:

A principios de 1975, el Presidente de una importante compañía norteamericana llegó a su despacho, situado en el piso 40 de un gran edificio de oficinas en Manhattan. Cerró la puerta tras de sí, y luego hizo algo insólito: lanzó violentamente su maletín cargado de papeles importantes a través del ventanal de vidrio, y luego, detrás del maletín... ¡se lanzó él mismo!

Los sorprendidos transeúntes, que presenciaron aquel día el suicidio de un hombre, no imaginaron que se trataba del Presidente de una gran compañía hasta que lo vieron publicado en la prensa vespertina. Este hombre había perdido el deseo de vivir. Para él la vida no tenía sentido. Sencillamente, se había quedado sin metas.

Las metas son como la luz.

Sin ellas, todo queda a oscuras, aún en la más iluminada de las ciudades modernas o en medio de las mayores comodidades. Y cuando todo queda a oscuras, hay hombres que no pueden resistirlo y se suicidan.

Nuevamente vemos confirmada la afirmación del gran siquiatra austríaco Viktor Frankl: "*Las metas u objetivos son absolutamente esenciales*", porque...

Las metas dan sentido a la vida.

Tenemos que convencernos que, para cualquier ser humano, el tener metas es absolutamente necesario.

Hay personas que se han ganado el derecho, a través de sus experiencias de vida, de ser escuchadas y ponderadas en sus opiniones. Veamos el consejo que el protagonista de este relato dio a un joven, que probablemente terminaba el bachillerato, acerca de una decisión muy importante para su vida:

En una ocasión Abraham Lincoln recibió una carta de un joven, diciéndole que había decidido ser abogado. Probablemente el joven sabía algo del origen de Lincoln, y suponía, con muchísima razón, que alguien como él podía darle un buen consejo al respecto. Lincoln contestó con una sola frase. Una frase que ha de haber sido muy reveladora para aquel joven. Una frase que quizás también te resulte una clave para tu auto-desarrollo y progreso.

Pero antes de transcribir la respuesta, permíteme decirte que Lincoln era un hombre que se había ganado el derecho de dar una orientación en este sentido, que su palabra nos merece entero respeto y crédito. ¿Te gustaría saber algo acerca de los primeros años de Lincoln?

Te voy a ofrecer algunos datos acerca de la infancia de Lincoln, sacados de un libro titulado *"Lincoln, el Desconocido"*, que escribiera Dale Carnegie después de muchos años de investigación y arduo trabajo.

Hasta los 15 años Lincoln vivió en pleno monte. Alrededor de aquel desolado paraje eran tan densos y salvajes la maleza y las zarzas, que el único medio de moverse era abriéndose paso a golpes de hacha. Allí había construido su padre, un torpe e ignorante jornalero y cazador llamado Tomás Lincoln, una tosca cabaña sin piso, ni puertas, ni ventanas, y con sólo tres lados. El cuarto lado estaba totalmente abierto al viento y a la nieve, al lodo y al frío.

Allí presenció Lincoln cuando tenía 9 años la muerte de su madre, Nancy Hanks, quien a los 35 años de edad dejó de existir, agotada por el esfuerzo y los sacrificios que aquel inhóspito lugar le exigían. Ella no era culta en modo alguno. Ni siquiera sabía escribir. Pero antes de morir llamó a su hijo Abraham y a su hermana, y les rogó que fueran buenos el uno con el otro, que vivieran de acuerdo con lo que ella había podido enseñarles, y que siempre contaran con Dios para todo en sus vidas.

En adelante la vida de Lincoln fue aún peor. Sin una madre que le suministrara al menos el cuidado mínimo, sin una mujer en la choza, sin ni siquiera jabón para lavarse (ya que quien probablemente lo preparaba de lejía era su madre), aquella cabaña se convirtió rápidamente en una pocilga maloliente, infectada de pulgas por todas partes. Este era el ambiente solitario en que Lincoln sobrevivía mientras su padre pasaba el día entero fuera, tratando de cazar algo.

Así llegó hasta los 15 años, cuando un señor de apellido Dorsey fundó una escuela a unos 6 kilómetros de allí, distancia que Lincoln y su hermana caminaban a través del bosque ida y vuelta diariamente, para asistir a clases. En aquella escuela los alumnos no podían poseer libros y se tenían que conformar con los que aparecían mientras estaban en clase. Allí, a los 15 años, aprendió a leer y escribir Lincoln.

Parece mentira que esa fuera la misma persona que ahora, como Presidente de los EE.UU., recibiera una carta de un joven decidido a convertirse en abogado, pidiéndole consejo.

Probablemente al leer esa carta Lincoln se entretuvo unos minutos recordando el día en que él mismo había tomado su propia decisión de estudiar leyes. Lo que pasó fue lo siguiente: cierto día un carretero que se dedicaba a hacer mudanzas se detuvo frente al almacén donde trabajaba Lincoln. Sus caballos estaban cansados y su carreta demasiado cargada, de modo que le vendió a Lincoln una caja llena de trastos viejos, por la cual Lincoln pagó 50 centavos.

Quince días pasaron sin que ni siquiera se ocupara de examinar lo que había comprado. Eran cosas usadas sin valor. Pero un día que no tenía nada que hacer, se le ocurrió vaciar aquella caja en el piso. Allí, en el fondo, halló una edición completa de cuatro tomos de los "Comentarios sobre el Derecho" de Blackstone, y comenzó a leerlos. Cuanto más leía, más le interesaba todo aquello. Nunca se había interesado tanto por un libro. A medida que devoraba tomo tras tomo, una idea iba tomando vida en su mente. Al finalizarlos tomó una decisión memorable: sería abogado.

El hombre que al despedirse de sus amigos para ir a ocupar la presidencia dijo:

"Sin la ayuda de Dios
no podré triunfar.
Con esa ayuda
no puedo fracasar..."

El hombre que fue a Gettysburg a decir un discurso. Habló después que alguien estuvo dos horas hablando, y él sólo habló durante dos minutos, lo cual resultó decepcionante para todos los presentes; el hombre que sin embargo legó a la posteridad en aquellos dos minutos una inigualable pieza oratoria llena de sabiduría, la cual terminó diciendo:

"Que esta nación,
bajo la protección de Dios,
nazca nuevamente a la libertad,
y que el gobierno del pueblo,
por el pueblo y para el pueblo,
no desaparezca de la tierra..."

Ese mismo hombre tomó la pluma y contestó a aquel joven con esta frase:

"Si usted ha tomado la decisión
de ser abogado (su meta),
ya tiene la mitad del camino recorrido".

El gran valor que veo en la respuesta de Lincoln es que con ella afirma que cuando hemos tomado una decisión firme, clara, específica... ¡Ya hemos recorrido la mitad del camino hacia la meta!

Veamos, con la última historia de esta unidad, cómo las metas influyen de manera decisiva en el desarrollo de las personas:

Quizás te interesará saber por qué los dominicanos somos dominicanos. Todo comenzó cuando un rudo capitán de barco insultó a un joven. Este joven acababa de embarcarse rumbo a Norteamérica desde Santo Domingo. Su país estaba sometido a la dominación haitiana, y el capitán de aquel bergantín español se lo echó en cara.

"¿No te da pena, muchacho, decir que eres haitiano, como está escrito en tu pasaporte?"

"Yo soy dominicano", respondió aquel joven con firmeza.

"¡Quiá! Tú no tienes nombre", le repuso el despiadado marino. "Ni tú ni tus compatriotas merecen tenerlo porque, cobardes y serviles, inclinan la cabeza bajo el yugo de antiguos esclavos".

Aquella conversación resultó de un terrible impacto para el joven. Poco después bajó silencioso a su camarote, y sintiendo que la sangre golpeaba sus sienes, formuló un grave juramento: se consagraría en cuerpo y alma a la libertad de su país.

Seguramente habrás adivinado ya que el nombre de aquel muchacho era *Juan Pablo Duarte*, padre de la República Dominicana. Aquel día Duarte se fijó una meta en su vida.

Este episodio de la fijación de la meta de Duarte está copiado casi textualmente de la mejor obra escrita sobre él: "*Vida de Juan Pablo Duarte*" del Dr. Pedro Troncoso Sánchez.

De la misma obra citamos los siguientes párrafos. El primero es algo que escribió Duarte a su hermana Rosa. Dice así:

"Juré en mi corazón no pensar ni ocuparme sino en procurar los medios para probarle al mundo entero que teníamos un nombre propio, dominicano, y que éramos dignos de llevarlo".

Por su parte, Rosa Duarte confirma el origen de la gran meta de Duarte cuando escribe:

"Juan Pablo nos dijo varias veces que el pensamiento de libertar a su patria se lo hizo concebir el capitán del buque español donde iba para Norteamérica".

Observen los tres pasos de este proceso:

1
Un gran ideal (meta) encontró acogida en la mente de un muchacho.

2
El ideal convirtió al muchacho en un hombre.

3
Al impulso de su gran ideal, ese hombre se convirtió en un gran hombre.

El resultado fue un país libre.

Tratemos de llevar al orden práctico este significativo tema. Piensa en tus metas y visualiza el tiempo que te tomaría alcanzarlas. Llegar a ser presidente de la promoción, por ejemplo, es una buena meta, pero no puedes pretender conseguirlo mañana habiéndotelo propuesto hoy. Sin embargo, hay algo que podrías comenzar a hacer desde ahora: podrías dedicarte unos minutos a pensar qué necesitas hacer para que el grupo te elija. A este algo que puedes hacer enseguida es a lo que llamaremos una *"Micro-meta"*.

Según el libro *"SI USTED NO SABE DÓNDE QUIE-RE IR, PROBABLEMENTE TERMINARÁ LLEGANDO A ALGUNA OTRA PARTE"*, del Dr. David Campbell, las metas pueden clasificarse de la siguiente manera:

- **MICRO-METAS:** aquello que nos proponemos hacer en los próximos 15 minutos o, a lo sumo, en la próxima hora. Son las únicas metas sobre las que tenemos un control absoluto y directo. Ejemplos de éstas: escribir una carta a un amigo, hacer un listado de cosas que se necesitan, hablar con alguien que está disponible, etc. Aunque se refieren a cosas pequeñas, las Micro-metas tienen una influencia extraordinaria en nuestro proyecto de vida, ya que únicamente a través de ellas es como se camina hacia los logros de metas mayores. Una caminata de 1,000 kilómetros comienza con un simple paso. Las Micro-metas son este primer paso.

- **MINI-METAS:** las cosas que decidimos lograr en un tiempo que va desde un día hasta un mes. Por ejemplo, ponerse al día con los trabajos escolares, conseguir información amplia sobre un determinado aspecto, iniciar una dieta o un programa de ejercicios, visitar unos familiares que hace tiempo que no se ven, etc.

- **METAS A CORTO PLAZO:** a ejecutarse en un período que va desde un mes hasta un año, como ahorrar para comprar una bicicleta, presentar una tesis de grado, hacer buenos amigos, etc. Estas metas pueden planearse con bastante exactitud, y podemos, en el transcurso de semanas, comprobar fácilmente si estamos teniendo éxito en el camino hacia ellas. Desde luego, nunca debemos fijarnos metas inalcanzables; hacer esto sólo nos conducirá al desaliento. Planea metas con toda la exactitud posible, adecuadas a tu persona y a tus posibilidades, y una vez fijadas, trabaja por ellas con todas tus fuerzas.

- **METAS A MEDIANO PLAZO:** envuelven proyectos para los próximos cinco años. Por ejemplo, dominar algún idioma, tocar con habilidad algún instrumento, convertirte en un profesional de alguna carrera, hacerte un experto en algún tipo de trabajo, etc.

- **METAS A LARGO PLAZO:** son aquellas relacionadas con el tipo de vida que deseamos vivir. Por ejemplo, el tipo de familia que deseamos tener, la ciudad donde nos gustaría vivir, la actividad social en la que nos queremos desarrollar, los niveles de relación con Dios que anhelamos alcanzar... A pesar de que es conveniente planear de este modo el conjunto de nuestra vida, sería imposible desarrollar un plan en detalle a tan largo plazo, ya que con seguridad tendríamos que hacer muchos reajustes al proyecto original a medida que pasan los años y suceden cosas que no esperábamos. Es bueno tener un plan a largo plazo, pero debemos de estar dispuestos a aceptar variantes.

Creo que el caso de Michael es un buen ejemplo para aclarar lo anterior. Cursaba el penúltimo año del bachillerato y regresábamos de una excursión del colegio en asientos contiguos del minibús que nos transportaba, cuando me comentó, pienso ahora que pidiendo ayuda, lo siguiente: "Me gustaría conseguir una beca con alguna institución superior lasallista en los Estados Unidos, pero eso es demasiado difícil". Michael era un excelente jugador de básquet, miembro de la selección juvenil del colegio.

Le respondí que lo intentara aplicando el método de la clasificación de metas que acabábamos de estudiar en clases. Inmediatamente, diseñamos una secuencia de metas en la dirección de su objetivo.

- **META A LARGO PLAZO (OBJETIVO):** Desarrollar mi vocación como profesional de calidad asistiendo a una buena universidad, para estudiar una carrera que llene de sentido mi futuro. Como mi familia tiene recursos limitados necesito obtener una beca de estudios.

- **MICRO-META:** Ahora mismo, antes de llegar a la casa (15 minutos a 1 hora), buscar a través del internet de mi celular la mayor cantidad de centros universitarios lasallistas que tienen equipos de baloncesto.

- **MINI-META:** A partir de mañana hasta antes de finalizar el mes, me doy de plazo para completar mi lista de instituciones universitarias posibles para escribirles por correo electrónico y conocer sus requerimientos y disponibilidades. Así mismo, como plan "B", me propongo investigar con instituciones de estudios superiores locales.

- **META A CORTO PLAZO:** Desde ahora hasta terminar mis estudios en el colegio, me comprometo a mejorar mis notas académicas y buscar ayuda para perfeccionar mi destreza en el basquetbol. También, a llenar las aplicaciones de becas de las instituciones donde tenga mayores posibilidades.

- **META A MEDIANO PLAZO:** Inscribirme en la mejor universidad que me ofrezca las mayores facilidades y oportunidades. Esforzarme y mantener un excelente índice académico. Seguir desarrollando mis habilidades deportivas. Graduarme antes de 5 años.

Obviamente, acordamos que necesitará muchas más metas intermedias (micro, mini, a corto y mediano plazo) para lograr su gran objetivo (perfeccionar su inglés, por ejemplo), y que tendrá que ir asumiéndolas de manera similar a lo planeado. Cuando llegamos al colegio, donde sus padres lo recogerían para ir a la casa, Michael bajó del autobús entusiasmado, con una meta clara y una firme decisión tomada.

12
La Gran Meta

"Las metas determinan dónde vas a estar".

Julius Erving

Don Luis García Dubus, nos facilita un relato más de su libro "ÉXITO Y METAS":
¿Saben ustedes cuál es la diferencia entre el hombre y el animal? Precisamente esa: el animal no puede proponerse metas, no puede dar sentido a su vida. Esa es, en efecto, la causa de que no pueda progresar.

El caso de las abejas es sorprendente. Tan curioso es el descubrimiento hecho hace algunos años acerca de la capacidad matemática de estos animalitos, y tan peculiar la forma en que se efectuó el mismo, que se los voy a narrar aquí según lo plantea un magnífico libro titulado *"Dios y su Obra"* de Royo Marín.

Reaumur, el famoso físico introductor de la escala termométrica que lleva su nombre, sospechando lo que sucedía en la realidad, propuso a sus compañeros el siguiente problema: ¿Qué ángulos hay que dar a los tres rombos que forman la base de una celdilla de sección hexagonal, para que siendo mínimo el material empleado en el perímetro, el volumen de almacenamiento resulte máximo?

Koening aplicó la teoría de máximos y mínimos del cálculo infinitesimal, y halló para el ángulo agudo del rombo una amplitud de 70° 34'. Luego de hecho esto, midieron el rombo de las celdillas de las abejas, y la medida era 70° 32'. ¡El animalito se equivocaba en la insignificante cifra de dos minutos de grado...! Pero al poco tiempo un barco naufragó en las costas de Francia y llamaron al capitán para pedirle cuentas, debido a que el accidente había sido causado por un error en los cálculos. El capitán presentó sus números y estaban bien hechos. Desorientación. La causa había que buscarla en otra parte. Repasando y estudiando las operaciones encontraron finalmente el error, que ciertamente no estaba en los cálculos del capitán, sino en la tabla de logaritmos que había usado.

Entonces repararon que precisamente, la edición de esa tabla era la misma que había sido utilizada para calcular el ángulo ideal de las celdillas de un panal de abejas. Volvieron a hacer los cálculos, y... ya lo adivinaron: el resultado dio esta vez 70° 32'.

Se habían equivocado los sabios matemáticos, pero la abeja no se había equivocado. En efecto, la abeja construye una celdilla tal, que con el menor gasto de cera, admite la mayor cantidad de miel posible. Impresionante, ¿no les parece?

Sin embargo, permítanme recordarles que fuera del panal, las abejas no pueden hacer ninguna otra cosa. Y, por otra parte, han estado haciendo el panal exactamente igual durante todos los millones de años que tienen de existencia.

¿Ven la diferencia entre ellas y nosotros? Está claro que Dios les ha dado el maravilloso don del instinto animal, el cual las capacita para cumplir su misión con asombrosa exactitud.

Al hombre Dios le ha dado algo más.
Nos ha dado el don de la libertad de elección, de la autodeterminación, del progreso.

El hombre vivía en las cavernas y ahora fabrica cohetes que viajan a la luna. El hombre progresa, el animal no progresa. La causa es que sólo el hombre puede fijarse metas que lo impulsen, que lo motiven a vivir en continuo desarrollo, que den sentido a su vida.

La diferencia entre los animales y los hombres es que ellos no pueden fijarse metas y nosotros sí, ¿no les parece que seremos más hombres y menos animales mientras más importancia le demos a tener metas en nuestra vida? Quizás los fracasados nunca han pensado esto, sin embargo, les puedo asegurar que los grandes triunfadores han tenido siempre metas, y son sus metas las que los han conducido al triunfo.

Una meta, para que sea una meta, y no se convierta en un mero sueño, deseo o activismo, debe de reunir necesariamente 3 condiciones. Debe de ser:

A / ATRAYENTE:
es decir, que sea atractiva, que nos hale;

B / POSIBLE:
que sea realizable, alcanzable en nuestros tiempo, espacio y circunstancias;

C / PLENARIA:
o sea, que nos llene, que nos deje satisfechos, plenos, realizados. El hombre siempre necesita algo más allá de la cosa misma, algo trascendente, como vimos en una unidad anterior.

Si las metas tienen una relación directamente proporcional con la felicidad y el sentido de la vida, es lógico pensar que mientras más alta la meta, mayor la felicidad que debe suministrarnos. De acuerdo a este planteamiento, *¿cuál sería la meta más alta de todas?, ¿cómo podríamos definir la meta que ha de darnos la felicidad total y completa?*

Definámosla como aquella que, siendo posible para nosotros, es la que más nos atrae y al alcanzarla no deja en nuestro interior el mínimo vacío.

¿Cuál sería la Gran Meta para los hombres? ¿Es Dios una meta? ¿Resiste el Dios de nuestra fe las condiciones de la meta? ¿Es atrayente nuestro Dios? ¿Cómo es el Dios en quién creemos? ¿Es posible Dios? ¿Podemos relacionarnos con Él? ¿Está a nuestro alcance? ¿No será una fantasía inventada por los curas y por la Iglesia? ¿Es Dios "plenario"? ¿Por qué tiene que dejar en nosotros plenitud, realización, felicidad? ¿No nos sobrestimamos al creer que Dios nos conoce por nuestro nombre, tiene un interés especial en nosotros, nos ama? ¿No es esto una utopía?

Pensemos lo que pensemos, alguna vez en la vida tendremos que plantearnos seriamente la cuestión de Dios y decidir por nosotros mismos. Tal vez ahora, a través de estos temas y reflexiones, tengamos una buena oportunidad para ello.

Necesariamente, un Dios como el que anunciamos los cristianos no puede ser un Alguien que se esconda y se oculte; tiene que ser un Dios *"revelado"*, un Dios que se ha mostrado a través de:

1 / Lo que nos rodea:
la creación, la historia, los acontecimientos (hemos estado llamando a esto la realidad).

2 / Los demás:
la humanidad, las personas, pero de un modo concreto, el otro, el que Dios ha puesto cercano y a nuestro alcance, nuestro prójimo por el que podemos hacer algo, el pobre, el necesitado.

3 / Nosotros mismos:
pero en nuestro Yo interior, que hemos llamado también autoimagen.

4 / JESUS, la mayor cercanía de Dios a los hombres.

5 / Su Palabra proclamada en la BIBLIA.

¡Ahí está el Dios revelado!
Para quien se atreva a buscarlo en esta vida, acabará seguramente diciendo junto a San Agustín:

Señal de que lo he encontrado
es que lo sigo buscando.

2
SEGUNDA PARTE

EL PROYECTO DE DIOS EN CLAVE DE PASCUA

"En cuanto descubrí que había un Dios, comprendí que no podía hacer otra cosa más que vivir para Él".

CHARLES DE FOULCAULT

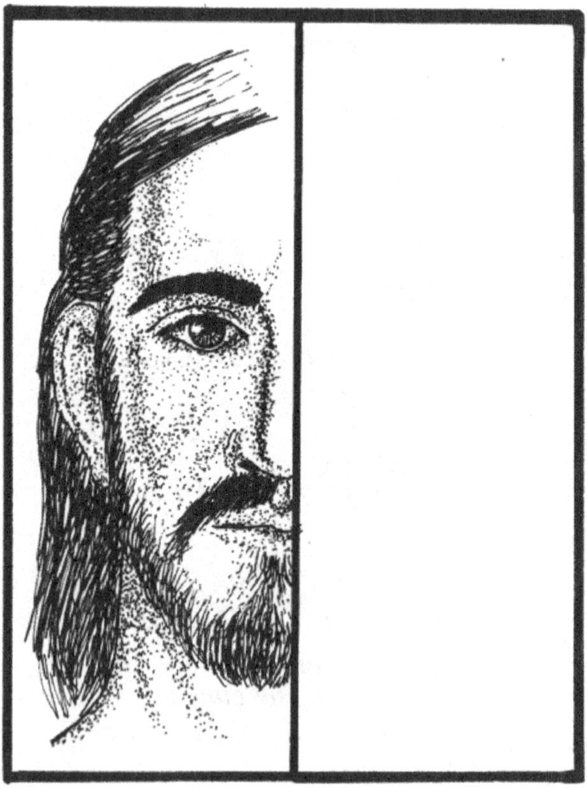

13
Dios o Nada

*"Si Dios no existiese,
tendríamos la apremiante
necesidad humana de inventarlo".*

El hombre, al abordar las preguntas más profundas y trascendentes acerca de sí mismo, del sentido de la vida y de su futuro, se encuentra con la pregunta primera y suprema de la fe: ¿Es posible que Dios exista? E inmediatamente, la que le sigue: si es así, ¿quién es Él?

Existen innumerables personas que al sumergirse en estas preguntas existenciales marcaron y cambiaron de forma drástica su vida: *¡su única vida!*

Uno pensaría, pues, que ellos deben de tener una clave bastante cercana para descifrar el misterio de la fe, puesto que han "jugado todo a un solo número". *¿Qué sentido tendría el amor entregado al prójimo si Dios no existiera?*

Es por eso que el documento que presento a continuación me llamó tanto la atención cuando cayó en mis manos. Es una carta escrita por un sacerdote consagrado a Dios a través de los *"Hermanitos de Jesús"*, orden religiosa que funda.

Se va al desierto y desde allí, sin ningún otro argumento que su propia interioridad, con valentía, sinceridad y transparencia, recorre reflexivamente el camino de su fe. Con una ecuanimidad y racionalidad pasmante, pasa un balance objetivo del resultado de su búsqueda de respuesta a las interrogantes planteadas arriba:

Estuve, esta tarde, pasando unos momentos solitarios en el desierto, en los alrededores de las pirámides. Allí, como nunca antes en mi vida, en un instante, he visto fugazmente, como un abismo abierto en el fondo de mi ser y estrechamente unido a él, la inmensidad devoradora de la pregunta suprema: ¿Es posible que Dios exista? y ¿quién es Él? Las pirámides estaban ante mí, monumentos inmóviles de la fuerza y la inteligencia humana: estaban allá, asentadas sobre la roca, en el umbral del desierto de arena. Años, siglos de hombres milenarios, más de cinco han pasado sobre esas construcciones, las más antiguas de la historia humana sobre la tierra.

Y he sentido entonces, repentinamente, todas las angustias del tiempo en las entrañas. ¿Por qué? ¿Cómo estoy aquí, ahora, mirando esos bloques tallados que millones de ojos humanos han contemplado ya? ¿Para qué?

Después de todo, yo soy solamente una partícula ínfima de un todo, una nada entre esas miríadas de seres que han pensado aquí como yo. ¿Dónde están? En ninguna parte. Sus casas de tierra no han dejado huellas. Sin embargo, eran habitaciones de seres vivos. ¿Dónde está la vida? Con esta inmensidad del futuro por delante... por el momento estoy ahí. Un instante. ¿Soy verdaderamente el producto de una lenta y difícil evolución de la materia? Y, después de todo, ¿por qué evoluciona? Y ¿por qué se ha detenido en mí? ¿Soy el fruto, al cabo, de la historia de un universo?

Después de todo, si no llego a hacerme la idea de que todo, tanto en mí como en cualquier otro hombre, todo, en las huellas y las manifestaciones de lo que llamamos inteligencia, no es más que una lenta y ciega adaptación de la naturaleza. Si no llego a esta convicción, ¿No será solamente por pereza intelectual? ¿No será el efecto de una especie de hábito mental del que soy víctima?

Hay tantas cosas que han cambiado desde la época de los faraones, el hombre ha creído sucesivamente en tantos sistemas, ha deidificado tantos fenómenos... ¿No soy víctima de mi universo mental de creyente, de un universo que me he construido yo mismo, o que me ha sido impuesto?

Es un hecho: hay actualmente gran número de hombres tranquilamente convencidos de que Dios no puede existir, de que Dios no es necesario... Y, además, si verdaderamente hubiera un "Principio", un absoluto en alguna parte, ¿cómo imaginarme que pueda tener en mí algún interés y que yo pueda encontrar en él un corazón que me ame? ¿No sería ese Principio, tan inmóvil, frío e indiferente como el espacio del cosmos? Un principio del que se derivarían las leyes del átomo y de las matemáticas, ¿podría tener un corazón lleno de los libres caprichos del amor? ¿Y respecto a mí? ¡Qué ingenuidad creerse el centro del universo! Porque creerse amado por el Principio del universo, ¿no es colocarse necesariamente en el centro de éste? ¿Proyecto fuera de mí lo que deseo?...

Y es precisamente lo que afirman ellos, los marxistas, los científicos eficaces y tranquilos. Sí, porque después de todo, esta fuerza realista, violenta, lúcida, constructiva, que ellos han echado a andar y que está remodelando el mundo y al hombre, ¿por qué no sería la única realidad: la verdad? Y, al fin y al cabo, ¿qué es la verdad? Una idea que me he hecho, no más...

Y, sin embargo, piense yo lo que piense, millones de hombres han contemplado aquí estas pirámides y ya no existen... De ellos sólo quedan algunas momias de miles de años de antigüedad... Y millones de otros hombres desfilarán sin duda, todavía después de mí, sobre este pedazo de tierra. Nada.

¡Cuán larga es la edad del mundo! Esto me aplasta escapando a la medida de mi imaginación. ¿Dónde está el corazón de un Dios? ¿Cómo puede existir este amor, por el que yo he sacrificado todo? ¿Cómo puede latir en el corazón de un hombre? Sueños...

Esas pobres iglesias coptas del valle del Nilo, esos monasterios de los discípulos de san Pacomio no son más que ruinas mudas. El tiempo y la arena han pasado sobre ellos.

Las momias embalsamadas de los faraones y de los bueyes sagrados Apis han permanecido hasta nuestros días. Durante *milenios, esos cuerpos momificados han reposado, inviolados, en la inmovilidad y el silencio absoluto de las criptas subterráneas del desierto. Han escapado del tiempo. ¿Dónde está el tiempo? Ellos querían permanecer, querían sobrevivir. Todos queremos sobrevivir. La concepción que nos hacemos de la supervivencia difiere, pero todos queremos sobrevivir... Pero ¿dónde? ¿En las próximas generaciones? ¿Cómo una simple huella, ínfima entre una infinidad de otras, impresa sobre el lento caminar de la subida humana a través del abismo abierto de los siglos que se presenta por delante?... Y ¿por cuánto tiempo? El olvido. ¿Qué es la eternidad sin ese movimiento en marcha? El inmenso vacío en el que caen, uno por uno, todos los deseos de supervivencia que los hombres se han esforzado en imaginar.*

¡Sí! Yo lo creo, creo en mi Salvador, o más bien, me he hecho una idea. ¿Qué es creer, después de todo? ¡Y ese pobre testimonio de algunos pobres hombres que vieron al Resucitado durante cortos instantes, en alguna parte de un rincón de ese tiempo inmenso! ¡Es algo tan limitado, tan débil, tan vacilante!... Además, ¿quién ha visto al Resucitado?

Y de pronto, como en un relámpago,
he sentido lo que nada puede describir,
el abismo insondable de la pregunta planteada:
Dios o nada, Cristo o el absurdo,
la alegría suprema de la felicidad absoluta
o la infinita desesperación del hombre
momificado encerrado en la cripta,
obra de sus propias manos. ¡Sí, lo verdadero!
La inteligencia y lo verdadero.

¿Se han deformado el espíritu los que parecen haberse acomodado a la muerte? En cuanto a ellos, afirman que soy yo quien ha deformado esta inteligencia.

¿Quién nos dará la razón a unos o a los otros? La certeza interior que, en un instante, hace al hombre tan grande, tan infinitamente grande que parece contener en sí mismo, en su pensamiento, toda la inmensidad del ser, de los seres y del espacio. ¡Todo, todo el universo está en mí! Este inexplicable poder de abarcarlo todo de una ojeada nadie me lo puede dar, nadie ha podido inculcármelo, no puede ser un apéndice de adaptación, una deformación congénita debida a una casualidad feliz de la evolución. Es transparente a sí mismo, es verdad.

Y allí, en esa fulgurante certeza que nadie puede demostrarse a sí mismo, ni demostrar a los demás, allí, en el pensamiento, en la inteligencia que se demuestra por su acto, se inserta la chispa de luz invisible de mi fe, tan débil, tan vacilante, pero cuyo resplandor me introduce, sin embargo, en la seguridad sin fallas de una felicidad que resplandece sin medida, únicamente con la medida de la eternidad.

¡De una felicidad tal, es posible morirse! Creo. Y mi pobre vida está allí, sobre la roca desnuda, miserable y recogida en su esperanza.

(Extracto del tomo III de "Cartas a los Hermanos", cuyo autor es el P. René Voillaume, fundador de los "Hermanitos de Jesús")

El padre René nos plantea que no hay más que dos alternativas para responder a la pregunta suprema:

O Dios existe o nada existe.

No hay posturas medias, no hay semidioses.

Sólo están definidos dos caminos por los cuales transitar en nuestra búsqueda existencial, que nos llevarán a destinos bien disímiles, así como a conclusiones y enfoques bien distintos sobre la vida.

Partiendo de esta primera alternativa, podríamos derivar un esquema como el siguiente:

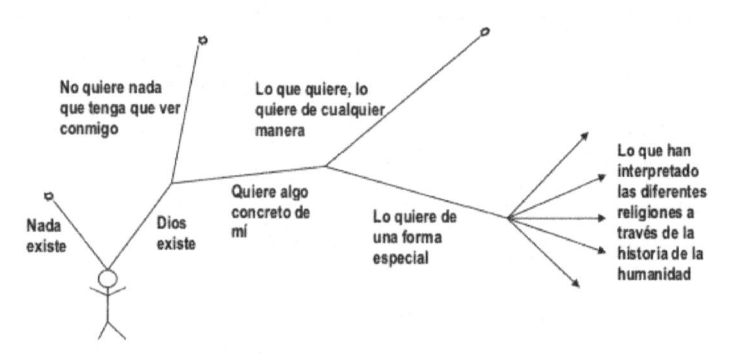

```
No quiere nada                Lo que quiere, lo
que tenga que ver             quiere de cualquier
conmigo                       manera
                                                              Lo que han
                                                              interpretado
                Quiere algo                                   las diferentes
                concreto de    Lo quiere de                   religiones a
Nada    Dios    mí             una forma                      través de la
existe  existe                 especial                       historia de la
                                                              humanidad
```

Si Dios quiere algo para nosotros *(es decir, tiene un plan, una meta, una finalidad)* y quiere que lo alcancemos de una manera particular *(es decir, un camino, un estilo de actuar)*, según lo estudiado anteriormente estamos en presencia de los elementos que conforman un proyecto. En este caso podemos hablar de manera concreta del *"proyecto de Dios"* para los hombres que es, en suma cuenta, lo que las religiones interpretan y nos ofertan.

En cristiano ese proyecto tiene un nombre: la Pascua. Su significado es *"paso"*, e implica movimiento, avance, cambio, transición. Toda la revelación bíblica nos indica que este *"paso"* nos lleva:

de la esclavitud a la libertad,
de la muerte a la vida,
de la ley al amor.

En esto se traduce el anuncio del Reino de Dios, y como el Reino se identifica plenamente con la figura de Jesús, podemos decir que en Él se refleja cuál es el Proyecto de Dios para nosotros.

14
El Proyecto de Dios

"¡Adoro en todo la voluntad de Dios para conmigo!"
SAN JUAN BAUTISTA DE LA SALLE

La Hidrogeología es la ciencia que se encarga de estudiar los problemas de las aguas del subsuelo. Básicamente son dos: determinar el factor de transmisibilidad (T), es decir, la facilidad con la que un terreno determinado deja pasar el agua a través de sí, y en segundo lugar, averiguar el coeficiente de almacenamiento (S) o la capacidad de dicho terreno para acumular el agua.

Las ecuaciones que solucionan estos dos aspectos se convierten en expresiones matemáticas muy complejas, y en la práctica, la manera de resolver estas incógnitas se traduce en métodos gráficos.

Se dibuja una gráfica ideal o modelo para un tipo de terreno perfecto en cuanto a los factores T y S a determinar. Luego se toman los datos del lugar real para realizar otra gráfica, perforando un pozo al que se le extrae un caudal de agua fijo.

Finalmente, moviendo horizontal y verticalmente nuestra gráfica real e imperfecta, la hacemos coincidir lo más posible con la que representa el terreno ideal, y del segmento de curva donde más cercanía y coincidencia haya, se toman un par de valores que se introducen en las fórmulas que dan solución al problema.

Me parece que nuestro proyecto existencial puede compararse a lo explicado arriba: conocer el Proyecto de Dios para los hombres, trazar nuestro proyecto de vida particular y mover nuestros objetivos, actitudes y situaciones haciéndolos coincidir con la voluntad de Dios, puede garantizarnos encontrar los datos que resolverán nuestra búsqueda de sentido y misión de vida.

Como es Dios, será también su Proyecto. En Dios se dan las más increíbles paradojas: Él es, a la vez, predecible y sorprendente. Son dos de las características que, junto a su fidelidad, más aprecio y alimentan mi fe.

Les cuento lo que sucedió una vez: Fue durante una convivencia que inició bajo un intenso y prolongado aguacero. Se convirtió en una experiencia muy singular, pues un grupo de los estudiantes que participaban habían realizado, pocos días antes, un retiro parroquial que los había impresionado, transmitiendo el gozo que aún vivían a sus demás compañeros. Así que nuestra convivencia empezó con una energía positiva adicional: la lluvia y todo lo que acontecía en la actividad lo asociaban a la presencia de Dios.

El programa del día primero concluyó a las 10 y tantas de la noche e, igual que siempre, se les dio un tiempo para compartir y serenarse antes de recogerse para dormir. Conversando durante ese espacio sobre el desarrollo del día con uno del equipo de monitores que facilitan la ejecución de la convivencia, la tranquilidad de la noche fue irrumpida por un agudo grito que parecía proceder de una de las muchachas del grupo. La primera reacción fue de extrañeza y alerta, pero cuando se repitió el *"alarido"*, corrimos directo hacia el lugar donde se originaba.

Nos encontramos con una particular agitación entre un buen grupo de los jóvenes de la convivencia. El nerviosismo, y hasta las lágrimas en algunos, les imposibilitaban expresarse con claridad y coherencia. Luego de tranquilizarlos nos explicaron: habían decidido aprovechar el momento para orar de nuevo, alabar y dar gracias en un lugar abierto y oscuro en el área de la cancha de fútbol que colinda con el lugar donde estábamos. Al poco rato de iniciados los rezos, una de las muchachas dijo ver una *"indefinida imagen blanca"* proyectada sobre un frondoso árbol del lugar, luego otra percibió algo similar, tras lo cual se generó una confusión general: unos veían una cosa, otros otra y algunos nada.

La situación ameritó enviar a buscar al Hermano Raúl, asesor de la actividad, quien ya se había recogido para ir a dormir. El resultado de su serena y objetiva reflexión nos tranquilizó a todos, me incluyo. Nunca olvidaré lo que dijo, pues su enseñanza se convirtió para mí en un referente.

El Hermano sintetizó:

"Por las características del caso, no hay dudas de que ha habido un evento de naturaleza espiritual, pero si no hay coincidencia entre lo que todos los presentes ven y oyen, no se puede afirmar que fue realmente un hecho físico. Segundo, si el resultado de la experiencia nos transmite paz, serenidad, claridad, gozo, fraternidad... dones que Dios concede, no hay dudas de que lo sucedido procede de Él, de no ser así, y lo experimentado es temor, angustia, confusión, tristeza... derivemos la causa hacia algo sicológico o de otra naturaleza".

Y tranquilamente regresó a dormir, dejándonos una enseñanza indeleble para distinguir lo que viene de Dios y lo que no. Y entre nosotros reinó nuevamente la paz y la alegría.

Dios es predecible y sorprendente, así mismo lo es su Proyecto para todos. Conlleva, necesariamente, las virtudes y los dones que de Él emanan: coherencia, equidad, claridad, confianza, fidelidad...

Y la gran revelación es ésta: Dios siempre se manifiesta en *"clave"* de Pascua. Podemos entonces discernir, sin lugar a dudas, si la elección de nuestro proyecto personal de vida contempla las características que el Proyecto de Dios nos ofrece: lo que Dios quiere para nosotros.

¿Habrá acaso algo más importante que esto? El padre Ramón Alejandro Alonso, salesiano, me mostró, años atrás, las pistas para descubrir esta propuesta que es el Proyecto de Dios. Volví a retomar este valioso material tiempo después, buscando contenido para configurar las clases de religión que debía impartir a mis estudiantes.

Se fundamenta, totalmente, en la revelación del Señor a través de su Palabra, la Biblia, la cual devela, claramente, su propuesta divina, tanto para la humanidad, como para cada persona de manera individual.

La Pascua: el proyecto de Dios

Recordemos que Dios se comporta en la historia del individuo de la misma manera que lo hace en la Historia de la humanidad. Analicemos desde otra perspectiva la historia de Moisés y los israelitas, y veamos cómo desarrolla Dios su proyecto para los hombres:

I. EL ÉXODO

Éxodo significa salida. (Ex = afuera; odo = caminar).
Cada vez que el Señor se acerca es para invitarnos a salir de nosotros mismos hacia otros que nos necesitan.

Tendríamos que cuestionar todas las experiencias *"tranquilizantes"* y pasivas que no nos llevan a situaciones de cambio, a conversión, a acciones en favor del prójimo, especialmente del pobre y del marginado.

En esta etapa del proyecto de Dios podemos verificar que:

1 / Dios es el que toma la iniciativa.

El Señor siguió diciendo:
–¡He visto la opresión de mi pueblo en Egipto, he oído el clamor que le arrancan sus opresores y conozco sus angustias! Voy a bajar para librarlo del poder de los egipcios. Lo sacaré de este país y lo llevaré a una tierra nueva y espaciosa, a una tierra que mana leche y miel, a la tierra de los cananeos,

hititas, amorreos, pereceos, jeveos y jebuseos. *El clamor de los israelitas ha llegado hasta mí. He visto también cómo son oprimidos por los egipcios. Ve, pues; yo te envío al faraón para que saques de Egipto a mi pueblo, a los israelitas...*
ÉXODO 3, 7-10

2 / Dios dialoga, nos anima, espera nuestra respuesta.

Moisés preguntó al Señor:
—¿Quién soy yo para ir al faraón y sacar de Egipto a los israelitas?
Dios le respondió:
—Yo estaré contigo, y ésta será la señal de que yo te he enviado: cuando hayas sacado al pueblo de Egipto, me darán culto en esta montaña.
Moisés insistió:
—Bien, yo me presentaré a los israelitas y les diré: "El Dios de sus antepasados me envía a ustedes". Y si ellos me preguntan cuál es su nombre, ¿qué les responderé?
Dios contestó a Moisés:
—Yo soy el que soy. Explícaselo así a los israelitas: "Yo soy" me envía a ustedes.
ÉXODO 3, 11-14

3 / Dios cumple su promesa de sostenernos y acompañarnos.

Entonces Moisés y los israelitas cantaron este canto al Señor:
Cantaré al Señor porque se cubrió de gloria, caballos y jinetes arrojó al mar.
Mi fuerza y mi refugio es el Señor. Él fue mi salvación.
Él es mi Dios, yo lo alabaré; el Dios de mi padre, yo lo ensalzaré.
El Señor es un fuerte guerrero; su nombre es el Señor.
Arrojó al mar los carros del faraón y su ejército; el Mar de las Cañas se tragó lo más selecto de sus jefes.
Las olas los cubrieron; se hundieron como piedras en el abismo. Tu diestra, Señor, resplandece de poder; tu diestra aplasta al enemigo.
ÉXODO 15, 1-6

El Señor dijo a Moisés y Aarón en Egipto:
–Este mes será para ustedes el más importante de todos, será el primer mes del año. Digan a toda la asamblea de Israel: Que el día décimo de este mes prepare cada uno un cordero por familia, uno por casa. Si la familia es demasiado pequeña para comerlo entero, que invite a cenar en su casa a su vecino más próximo, según el número de personas y la porción de cordero que cada cual pueda comer. [...] Y cuando sus hijos pregunten qué significa este rito para ustedes, les responderán: Es el sacrificio de la pascua en honor del Señor, que pasó de largo ante las casas de los israelitas en Egipto, cuando castigó a los egipcios y perdonó a nuestras familias. Entonces los israelitas cayeron de rodillas en actitud de adoración.

Éxodo 12, 1-4 y 26-27

En el Éxodo, Dios toma la iniciativa, se acerca a nosotros para dialogar, nos anima y apoya, nos ofrece su asistencia y protección, y cumple su promesa.

Asumir el Éxodo de Dios implica de nuestra parte capacidad de buscar, de lanzarnos y arriesgarnos. Capacidad de escuchar, dialogar y finalmente, confiar.

El Éxodo siempre es necesario para que se produzca en nosotros la Alianza.

II. LA ALIANZA

Significa pacto, contrato, unión. Sólo los amigos, los que se aman, los que están en paz, se alían.

También aquí podemos visualizar un proceso:

1 / DIOS ES EL QUE PROPONE. Para que un pacto se produzca, es necesario que alguien se acerque primero con una propuesta concreta, a partir de la cual se producirán las *"negociaciones"*. Siempre es Dios el que se acerca inicialmente con su oferta.

Ya han visto lo que he hecho con los egipcios, y cómo a ustedes los he llevado sobre alas de águila y los he traído a mí. Ahora bien, si me obedecen fielmente y guardan mi alianza, ustedes serán el pueblo de mi propiedad entre todos los pueblos, porque toda la tierra es mía...
Éxodo 19, 4-5

2 / EL PUEBLO RESPONDE. Una alianza, necesariamente, es siempre una relación entre dos partes. Si una propuesta no halla respuesta, la unión entre esas dos partes, en este caso, entre el pueblo y Dios, nunca se hará efectiva. El pueblo responde a lo largo de toda la historia de la salvación.

Moisés vino y comunicó al pueblo todo lo que le había dicho el Señor y todas sus leyes. Y todo el pueblo respondió a una: Cumpliremos todo lo que ha dicho el Señor.
Éxodo 24, 3

3 / EL RITO. ES LA FIRMA DE LO PACTADO. Para los hombres es importante hacer explícitas, de alguna manera, las cosas trascendentes y las que encierran algún compromiso. Dios, creador del hombre, comprende esta realidad humana y accede al rito.

En el pasaje siguiente están presentes todos los elementos necesarios para la realización de un contrato:
- *Al día siguiente, se levantó temprano* (Moisés, el intermediario entre los que pactarán)
- *y construyó un altar al pie de la montaña* (tenemos una fecha, una hora y un lugar establecidos; el altar representa a Dios, una de las partes);
- *levantó doce piedras conmemorativas, una por cada tribu de Israel* (representan la parte contractuante).
- *Luego mandó a algunos jóvenes israelitas que ofrecieran holocaustos e inmolaran novillos como sacrificios de comunión en honor del Señor. Moisés tomó la mitad de la sangre y la puso en unas vasijas, y la otra mitad la derramó sobre el altar* (Dios y los hombres comen juntos; la sangre, elemento de gran significación en la cultura de los hombres, rubricará la unión. Así, Dios y los hombres estarán ligados por una misma sangre).
- *Tomó a continuación el código de la alianza* (las cláusulas con las que la segunda parte va a comprometerse, los diez mandamientos)
- *y lo leyó en presencia del pueblo, el cual dijo: "Cumpliremos y obedeceremos todo lo que ha dicho el Señor".*
- *Entonces Moisés tomó la sangre y roció al pueblo diciendo: "Esta es la sangre de la alianza que el Señor ha hecho con ustedes, según las disposiciones dadas".*

ÉXODO 24, 4-8

4 / LAS RAZONES DE DIOS. Cualquier trato de importancia está sustentado por intenciones que lo justifican. El Señor siempre tiene los mismos motivos.

El Señor se fijó en ustedes y los eligió, no porque fueran más numerosos que los demás pueblos, pues son el más pequeño de todos, sino por el amor que les tiene y para cumplir el juramento hecho a sus antepasados. Por eso los ha sacado de Egipto con mano fuerte y los ha librado de la esclavitud, del poder del faraón, rey de Egipto.

DEUTERONOMIO 7, 7-8

RESUMEN DE LA PRIMERA ALIANZA
> FIRMANTES DEL PACTO: Dios y los hombres.
> INTERMEDIARIO: Moisés.
> CLÁUSULAS DEL TRATO:
El Decálogo (los 10 mandamientos).
> FIRMA DEL RITO: La sangre.

Participar en la Alianza exige madurez. Los niños y los *"locos"* no son legalmente aptos para firmar. Exige también capacidad de respuesta, intención de fidelidad con lo que nos vamos a comprometer y sobre todo libertad. De esta última depende la validez del contrato.

III. LA PROMESA

El ser humano es interesado por naturaleza, pues constantemente tiene necesidades.

Dios se acerca para ofrecernos, no cualquier cosa, sino lo que más nos hace falta.

La tierra es lo esencial para que un pueblo se considere como tal. Somos dominicanos por el simple hecho de haber nacido en este pedazo de suelo. El pueblo de Israel, esclavizado por naciones enemigas más poderosas, había sido desterrado y llevado al exilio en Egipto. Dios se acerca entonces con la promesa de una tierra, y no una cualquiera, sino una que *"mana leche y miel"*.

De la Promesa decimos que:

1 / DIOS CUMPLE. No olvida, nunca deja pendiente sus ofrecimientos. El Salmo 78 canta las acciones de Dios en favor de su pueblo.

...de día los guio con la nube, de noche con el resplandor del fuego. Quebró las rocas del desierto, les dio a beber agua en abundancia, sacó arroyos del peñasco, e hizo correr torrentes de agua.

SALMO 78, 14-16

2 / EL HOMBRE FALLA. Los humanos somos frágiles, y fácilmente nos desviamos de nuestras intenciones y deseos iniciales.

Pero ellos volvieron a pecar contra Él, y se rebelaron en el desierto contra el Altísimo; pusieron a prueba a Dios, y exigieron una comida a su gusto. Hablaron contra Dios y dijeron: "¿Podrá Dios proporcionarnos comida en el desierto?"

SALMO 78, 17-19

3 / DIOS INSISTE, DISCULPA Y PERDONA. En esta relación de Dios con los hombres se constata siempre la misericordia y bondad de Dios que nos comprende, y fiel a su promesa, nos propone restablecer su Alianza.

Pero él se compadecía, perdonaba sus culpas y no los destruía: ...contuvo su ira muchas veces, y no daba rienda suelta a su furor; recordaba que eran mortales, un soplo que se va y no regresa.

SALMO 78, 38-39

Resumen de la Promesa (la Tierra):

"Les doy todos los lugares que pisen sus pies, como dije a Moisés. El territorio de ustedes abarcará desde el desierto y el Líbano hasta el río grande, el Éufrates, (todo el país de los hititas) y hasta el mar Mediterráneo al oeste".

JOSUÉ 1, 3-4

"Les he dado una tierra que ustedes no han ganado con su esfuerzo, unas ciudades que no edificaron y en las que ahora viven; comen los frutos de las viñas y de los olivos que no han plantado".

JOSUÉ 24, 13

"Todas estas cosas sucedieron para que nos sirvieran de ejemplo y para que no ambicionemos lo malo, como lo ambicionaron ellos..."

1 CORINTIOS 10, 6

Para vivir de la Promesa hay que ser capaz de aceptar el perdón de Dios y comenzar de nuevo. Esto es lo mismo que decir capacidad de humildad, una de las implicaciones de una búsqueda efectiva.

EL ANUNCIO DE LOS PROFETAS: ¡LA NUEVA PASCUA!

En la primera Pascua, el Señor liberó a su pueblo de la esclavitud en Egipto, hizo una Alianza con él y lo llevó a la tierra prometida. Sin embargo, el hombre le fue infiel, buscó nuevos dioses (ídolos) y se hizo esclavo de sus debilidades. Israel cayó de nuevo en la opresión, ahora de Babilonia.

1 / EL NUEVO ÉXODO

El Señor toma de nuevo la iniciativa. Habla ahora por boca de los profetas que anuncian que esta vez Dios se dirigirá al interior del hombre. El Dios comprensivo y misericordioso vuelve a liberarnos, pero ya no de una esclavitud exterior, pues sabe que el verdadero opresor del hombre lo constituyen sus propias pasiones y debilidades.

Diles: Esto dice el Señor: Los recogeré de entre las naciones paganas, los reuniré de los países en los que han sido dispersados y les daré la tierra de Israel. Ellos vendrán y quitarán de ella sus ídolos y abominaciones. Yo les daré un corazón fiel y les infundiré un espíritu nuevo; les arrancaré el corazón de piedra y les daré un corazón de carne, para que cumplan mis preceptos, observen mis mandamientos y los pongan en práctica. Ellos serán mi pueblo y yo seré su Dios.
EZEQUIEL 11, 17-20

Así dice el Señor: Cuando terminen los setenta años concedidos a Babilonia, yo me ocuparé de ustedes y cumpliré la promesa de traerlos de nuevo a este lugar. Porque sólo yo sé los planes que tengo para ustedes, oráculo del Señor; planes de prosperidad y no de desgracia, pues les daré un porvenir lleno de esperanza. Entonces, cuando me invoquen y supliquen, yo los atenderé; cuando me busquen, me hallarán. Si me buscan de todo corazón, yo me dejaré encontrar por ustedes...
JEREMÍAS 29, 10-14A

En esta nueva propuesta de liberación se trata de que nos convirtamos, es decir, realicemos un cambio profundo y auténtico de nosotros mismos. De que seamos sensibles a lo que nos rodea, de que transformemos *"un corazón de piedra en un corazón de carne"*.

2 / LA NUEVA ALIANZA

El Señor habla de una nueva Alianza con características muy específicas que la distinguen de la primera. La cláusula del nuevo contrato, el amor, comprende y supera a las anteriores.

Es necesario cambiar el corazón para que Dios pueda actuar en él.

Vienen días, oráculo del Señor, en que yo estableceré con el pueblo de Israel y con el pueblo de Judá una alianza nueva. No como la alianza que establecí con sus antepasados el día en que los tomé de la mano para sacarlos de Egipto. Entonces ellos quebrantaron la alianza, a pesar de que yo era su dueño, oráculo del Señor. Esta será la alianza que haré con el pueblo de Israel después de aquellos días, oráculo del Señor. Pondré mi ley en su interior y la escribiré en su corazón; yo seré su Dios y ellos serán mi pueblo.

JEREMÍAS 31, 31-33

Podemos hacer un paralelismo con el primer pacto y afirmar que el nuevo pacto que anunciaron los profetas se celebra, ya no en el monte Sinaí, sino en el Gólgota, donde fue crucificado Jesús:

> FIRMANTES DEL PACTO: Dios y los hombres.
> INTERMEDIARIO: CRISTO.
> CLÁUSULAS DEL TRATO:
El amor *("Les doy un mandamiento nuevo...")*.
> FIRMA DEL RITO: La Sangre (de Cristo en la cruz).

Es por ello que esta segunda Alianza, sellada con la sangre del Cordero, es total y definitiva. Anunciar una nueva acción de Dios en este sentido sería devaluar el sacrificio de la cruz y calificar este pacto como incompleto. No habrá pues una tercera Pascua o Alianza en todo lo que resta de la relación del hombre con Dios.

La celebración Eucarística, si nos fijamos bien, es en esencia la renovación de ese segundo pacto o alianza entre los hombres y Dios, en donde Cristo sigue siendo el intermediario. El sacerdote funge entonces como facilitador de la ceremonia. Las lecturas nos recuerdan las cláusulas que vamos a ratificar con el AMEN, afirmando nuestra disposición de fidelidad al compromiso cristiano, y cuando comulgamos nos hacemos una misma cosa con Dios, sellamos la Alianza, somos *"de la misma sangre"*.

Por eso sólo deberían asistir a Misa los que estén listos para firmar: los que tienen capacidad de búsqueda, de lanzarse, de arriesgarse, de escuchar, de dialogar, de confiar, de humildad, de madurez, de fidelidad, de ser libres, de responder, de aceptar el perdón y perdonar, de reconciliarse, de comenzar de nuevo, de cambiar el corazón, en fin, de AMAR.

3 / LA NUEVA PROMESA

La tierra nueva es ahora el Reino de Dios, que como ya sabemos, no es un lugar sino el mismo Dios. Esta promesa de Dios es proclamada por Jesucristo en las Bienaventuranzas:

Al ver tanta gente, Jesús subió a la montaña, se sentó, y se le acercaron sus discípulos.

Entonces comenzó a enseñarles con estas palabras:

* Dichosos los pobres en el espíritu, porque de ellos es el reino de los cielos.

* Dichosos los afligidos, porque Dios los consolará.

* Dichosos los humildes, porque heredarán la tierra.

* Dichosos los que tienen hambre y sed de hacer la voluntad de Dios, porque Dios los saciará.

* Dichosos los misericordiosos, porque Dios tendrá misericordia de ellos.

* DICHOSOS LOS LIMPIOS DE CORAZÓN, PORQUE ELLOS VERÁN A DIOS.
* DICHOSOS LOS QUE CONSTRUYEN LA PAZ, PORQUE DIOS LOS LLAMARÁ SUS HIJOS.
* DICHOSOS LOS PERSEGUIDOS POR HACER LA VOLUNTAD DE DIOS, PORQUE DE ELLOS ES EL REINO DE LOS CIELOS.

MATEO 5, 1-10

Jesús realiza sus milagros para mostrarnos cómo es ese Reino prometido: *no habrá hambre, ni enfermedad, ni espíritus inmundos. La muerte quedará vencida. Será una situación de celebración y vida eternas.* En las parábolas, nos describe el Reino de manera analógica: *El tesoro y la perla (Mt 13, 44...); la red (Mt 13, 47...); el sembrador (Mt 13, 1...); la simiente que crece sola (Mc 4, 26...); el grano de mostaza y el fermento (Mt 13, 31...); etc.*

Ya en la cruz Cristo hace patente esta promesa: *"En verdad te digo que hoy estarás conmigo en el Paraíso".*

La nueva Pascua queda establecida para nosotros como el paso de la muerte a la vida: La Resurrección.

"NOSOTROS SABEMOS QUE HEMOS PASADO DE LA MUERTE A LA VIDA PORQUE AMAMOS A LOS HERMANOS".

1 JUAN 3, 14

15
¡Un Proyecto Diferente!

"...una FE vivida como presencia de Dios en los pobres; una FRATERNIDAD expresada en la solidaridad con los más necesitados; un SERVICIO para el compromiso con la justicia".

Hno. Miguel Campos

Podemos enfocar la Historia de la Salvación *(el proyecto de Dios para la humanidad)* desde dos grandes momentos a los que se ha llamado Antiguo y Nuevo Testamento. Ciertamente, encontramos en ellos paralelismos y continuidad coherentes con el Plan de Dios.

Existen *"dos subidas al monte"* que queremos comparar, una en el AT y otra en el NT. La expresión *"subir al monte"* no es simplemente narrativa, tiene un sentido teológico.

En la tradición del AT, el monte simboliza el lugar de Dios, el sitio donde Dios habita. Por eso en los evangelios el monte es con frecuencia el lugar donde Jesús se encuentra con Dios.

En la Primera Alianza *(Éxodo 19, 3-20)*, Moisés, el intermediario de Dios ante su Pueblo, sube al monte santo y allí recibe las tablas de la ley, el Decálogo, los 10 Mandamientos. La expresión de la voluntad de Dios queda plasmada y concretada en la ley que Él mismo da a su pueblo por medio de Moisés.

En *Mateo 5, 1* leemos: *"Al ver Jesús a las multitudes, subió al monte, se sentó y se le acercaron sus discípulos"*. De la misma manera, ahora, desde el monte al que sube Jesús, Dios expresa su voluntad en una nueva ley, que ya no es ley porque tiene otro carácter, como veremos. La voluntad de Dios para su pueblo queda ahora plasmada y concretada en las bienaventuranzas. Éstas constituyen desde entonces el programa básico de santidad para todo cristiano, el resumen de todo lo que Dios quiere de su nuevo pueblo, la comunidad de los discípulos de Jesús.

Hay algo importante que destacar en esta comparación: en la Antigua Alianza el pueblo tenía que mantenerse a distancia de Dios, no podía subir al monte *(Éxodo 19, 12-13; 23)*. En el Nuevo Testamento, sin embargo, se dice que Jesús subió al monte *"y se le acercaron sus discípulos"*.

Los que siguen a Jesús, en el nuevo pueblo de Dios, entran en la esfera divina y viven en intimidad y familiaridad con Dios. Y es desde este planteamiento de amistad, intimidad y familiaridad con Dios, desde donde tenemos que partir al entender las bienaventuranzas.

Por lo demás, aquí los papeles cambian: Jesús sube al monte como Moisés, mostrando así su condición de hombre, pero es Él mismo quien habla en el monte, mostrando así a la comunidad cristiana su condición divina que lo identifica como Dios. Jesús, el Señor, es quien promulga el nuevo estatuto de la comunidad de los creyentes que son las bienaventuranzas. Pero, *¿cuál es el significado de ellas?*

Lo primero que podemos deducir de las bienaventuranzas es que son un proyecto de felicidad.

Cada afirmación de Jesús comienza con la palabra griega *makárioi*, *"dichosos"*, que se refiere a la condición del que está libre de preocupaciones y trabajos diarios, el estado de los dioses y de aquellos que participan de su existencia feliz.

Por lo tanto, Jesús promete una dicha sin límites, la felicidad plena para sus seguidores. Dios no quiere el dolor, la tristeza y el sufrimiento.

Dios quiere precisamente todo lo contrario: que el hombre se realice plenamente, que viva feliz, que la dicha sobreabunde en su vida.

Curiosamente, el camino de la felicidad de las bienaventuranzas no es el que propone el mundo, el orden presente, el sistema establecido. Precisamente, lo sorprendente es que Jesús recomienda todo lo contrario a lo que el mundo recomienda. El orden establecido dice: felices los que tienen dinero para consumir. Jesús dice: felices los que se despojan del dinero para compartir. Son caminos diametralmente opuestos.

Lo que las bienaventuranzas presentan no es una serie de virtudes que haya que practicar como obligaciones pesadas y costosas. Se trata justamente de todo lo contrario: una actitud de vida, un proyecto de felicidad cuya base es el desapego y la renuncia al dinero.

Por lo demás, las bienaventuranzas del sermón de la montaña se completan con otras que aparecen en otros momentos de los evangelios:

> DICHOSOS LOS QUE VIVEN
EL PROYECTO DEL REINO
MT 13, 16

> LOS QUE SALEN AL ENCUENTRO DE ESE PROYECTO
LC 1, 45; MT 16, 17; JN 20, 29

> FELICES LOS QUE NO SE ESCANDALIZAN
DEL PROCEDER Y DE LA ACTUACIÓN DE JESÚS
MT 11,16

> BIENAVENTURADOS LOS QUE NO
SE LIMITAN A OÍR ESTAS COSAS,
SINO QUE ADEMÁS LAS PONEN EN PRÁCTICA
LC 14, 14; JN 13, 17

> LOS QUE PERSEVERAN EN ACTITUD VIGILANTE
Lc 12, 37; Mt 24, 24, etc

Para entender mejor esta propuesta de Jesús, hagamos un análisis de la estructura de las bienaventuranzas. Podemos presentarlas bajo el siguiente esquema:

1
Dichosos los que eligen ser pobres, porque esos tienen a Dios por Rey.

2
Dichosos los que sufren, porque Dios los consolará.

3
Dichosos los sometidos, porque heredarán la tierra.

4
Dichosos los que tienen hambre y sed de justicia, porque Dios los saciará.

5
Dichosos los que prestan ayuda, porque Dios tendrá misericordia de ellos.

6
Dichosos los limpios de corazón, porque ellos verán a Dios.

7
Dichosos los que trabajan por la paz, porque serán llamados hijos de Dios.

8
Dichosos los perseguidos por hacer la voluntad de Dios, porque esos tienen a Dios por Rey.

De las 8 bienaventuranzas que presenta Mateo *(Mt 5, 3-10)*, hay que destacar la primera y la última, pues tienen idéntico el segundo miembro y en ambos casos la promesa está en presente: *"porque de ellos es el reino de los cielos"* o como dicen otras traducciones, *"porque esos tienen a Dios por Rey"*.

Cada una de las otras 6 bienaventuranzas tiene la promesa en futuro: heredarán, serán consolados, habrá misericordia. De esas seis, las 3 primeras mencionan en el primer miembro un estado doloroso para el hombre al que se promete la liberación. La quinta, sexta y séptima, en cambio, enuncian una actividad, estado o disposición del hombre que es favorable y beneficioso para su prójimo, y que lleva también su correspondiente promesa de felicidad.

La primera bienaventuranza, *"Dichosos los que eligen ser pobres..."*, es el fundamento de todas las demás. La segunda, tercera y cuarta describen las consecuencias de esa pobreza por la que se opta. La quinta, sexta y séptima explican por qué se cumplirán las promesas de la segunda, tercera y cuarta. Y la octava bienaventuranza, por último, se conecta con la primera y ratifica la recompensa de aquellos que perseveran en su opción por los pobres.

Fíjense que en el mensaje de las bienaventuranzas subyace una tensión (crisis) entre la propuesta de Dios y la propuesta del mundo, causa del dolor, el sufrimiento y la injusticia.

Jesús ya lo advierte en Mateo 6, 24: *"Nadie puede servir a dos amos, porque odiará a uno y querrá al otro, o será fiel a uno y al otro no le hará caso. No pueden servir a Dios y al dinero".*

Ahora bien, cuando se habla de *"los que eligen ser pobres"* en contraposición al dinero ¿de qué se trata? La primera bienaventuranza se presta a dos interpretaciones:

1/ POBRES EN CUANTO AL ESPÍRITU;

2/ POBRES POR EL ESPÍRITU, ES DECIR,
UNA OPCIÓN QUE BROTA
DE SU PROFUNDA ESPIRITUALIDAD.

La primera de estas dos posibles interpretaciones debe ser excluida, porque expresaría una afirmación absurda, es decir: dichosos los que poseen pocas cualidades. Esa es una situación humana y sociológica que no puede ser objeto de una bendición especial por Dios.

Tampoco podemos decir que se trata de aquellos que se desentienden del dinero, poséanlo o no. Este sentido queda descartado por el término utilizado por Jesús, *anawin (pobre que pone su esperanza en Dios al no encontrar apoyo ni justicia en la sociedad)*, y por la radicalidad de las palabras del propio Jesús en cuanto al dinero en *Mateo 6, 19-24,* y la respuesta que da al joven rico en *Mateo 19, 21-24.*

Por eso nos quedamos con la segunda interpretación: pobres por el espíritu. Para entenderla nos vamos a fundamentar en las ideas del judaísmo de aquel tiempo. El espíritu del hombre expresa lo más profundo de la interioridad de la persona, en cuanto a la raíz y fuente de sus decisiones. Por lo tanto, la expresión *"pobres por el espíritu"* se refiere a los que son pobres por opción, en contraposición a los que son pobres por necesidad.

La pobreza por necesidad es una desgracia que debe ser erradicada del mundo. Y es en este sentido en el que debemos de luchar con todas nuestras fuerzas para que nuestra sociedad sea más fraternal y más justa.

En resumen, el proyecto propuesto por Dios para nosotros, a través de las bienaventuranzas, no se trata de una opción por la pobreza ascética, sino de la condición y actitud de aquellos que para compartir con los demás se desprenden del dinero y de lo que el dinero representa socialmente.

Jesús proclama que las personas que toman esta decisión de vida son dichosas, porque cambian el proyecto del mundo de poseer, por el proyecto de Dios de compartir.

Y es entonces cuando se produce la intervención de Dios en favor de ellas. Y esta intervención consiste en que aquellos que comparten lo que tienen experimentan el milagro de la abundancia, como ocurrió en el episodio de los panes y los peces. En la práctica, se trata de compartir no sólo lo material del dinero, sino también el bienestar que el mismo puede facilitar.

Para concluir esta idea, quiero puntualizar algo más profundo. Dios ha dicho: *"no tendrás otros dioses frente a mí"* (Dt 5, 7). El peligro de idolatría, que amenazó a los judíos en tiempos antiguos, se concreta ahora en otra cosa: la posesión de riquezas. Jesús lo explica así: *"No se puede estar al servicio de dos amos... No se puede servir a Dios y al dinero"*. Por eso se puede decir que la idolatría moderna no es la que presta adoración a divinidades falsas, sino la que pone su confianza y seguridad en el dinero.

La consecuencia directa de la decisión básica de ser pobres es optar por los pobres y compartir con ellos lo que somos y tenemos. Ahora bien, ¿quiénes son los pobres? Las bienaventuranzas 2, 3 y 4 los definen muy bien. Son pobres:

> **LOS QUE SUFREN,** que recibirán el consuelo de Dios en la medida en que sean coherentes con su opción por la pobreza. El profeta Isaías cuando enumera a los que sufren, incluye a los cautivos y a los prisioneros. La expresión *"los que sufren"* expresa, según el verbo griego que la define, un dolor profundo que no puede menos que manifestarse al exterior. En el texto de *Isaías (61, 1)* el consuelo significa el fin del sufrimiento y de la opresión. Y se comprende que así sea, cuando lo que se impone no es el interés por el dinero ni por el propio bienestar, sino el deseo sincero y eficaz de compartir y ayudar a los demás. Es evidente que se elimina así la causa de los mayores sufrimientos que nos acarrea el egoísmo personal y colectivo.

> **LOS SOMETIDOS.** En el *Salmo 36, 11* los sometidos son los pobres que por la codicia de los poderosos han perdido su independencia económica, y tienen que vivir esclavizados por quienes los han despojado. Su situación es tal, que no pueden expresar ni siquiera su protesta. A los que optan por someterse, esto es, a los que renuncian a su afán de acaparar riquezas, Jesús promete, no ya la posesión de un terreno como patrimonio familiar, sino la posesión de la tierra como bien comunitario.

> **LOS QUE TIENEN HAMBRE Y SED DE JUSTICIA.** Esta bienaventuranza resume lo que han dicho las dos anteriores, es decir, la situación de los que sufren y de los que se ven sometidos. Por eso *"la justicia"* se refiere a verse libres de opresión, a gozar de independencia y de libertad. Se trata de comprender que en la sociedad humana, según el proyecto divino (el Reino de Dios), no quedará rastro de injusticia.

Por consiguiente, las consecuencias que se derivan de nuestra opción de hacernos pobres son muy claras: los que sufren van a dejar de pasarla mal, nadie va a estar sometido a nadie ni humillado por nadie, y ningún creyente va a cometer injusticia contra sus semejantes.

Las bienaventuranzas quinta, sexta y séptima expresan las razones profundas de esta nueva situación: terminarán los sufrimientos, las humillaciones y las injusticias; en primer lugar, porque todos se prestarán ayuda; en segundo lugar, porque todos tendrán un corazón limpio; en tercer lugar, porque todos trabajarán por la paz.

- Cuando se declara dichosos a los que prestan ayuda, no se habla de un sentimiento, sino de una actitud que, imitando a Dios, presta ayuda eficaz al que la necesita. Esta ayuda se presta, ante todo, en el terreno de lo corporal, pero además en todo lo que afecta e interesa a la persona: en la vida social, cultural, etc. Por otra parte, a los que prestan ayuda se les promete que la van a recibir. A nadie le faltará nada, porque todos van a estar a disposición de todos.

- La expresión *"limpios de corazón"* se aplica a los que no abrigan malas intenciones contra su prójimo, a los que son incapaces de hacer daño a los demás. Está tomada del Salmo 24, 4. Esta limpieza de corazón, como disposición permanente, se traduce en transparencia y sinceridad de conducta, y crea una convivencia donde reina la confianza mutua.

Todos y cada uno, en la comunidad cristiana, se sienten estimados, valorados y útiles. A *"los limpios de corazón"* les promete Jesús que *"verán a Dios"*, es decir, tendrán una profunda y constante experiencia de Dios en sus vidas. Esta bienaventuranza contrasta con el concepto de pureza tradicional.

> La pureza ante Dios no se consigue con ritos o ceremonias, sino con la buena disposición hacia los demás y la sinceridad de conducta.

- "La paz" de la séptima bienaventuranza se refiere a la prosperidad, la tranquilidad y la justicia. Significa, por eso, la felicidad del hombre considerado como ente individual y social. Esta bienaventuranza, como en el caso de la 4ta, condensa y resume las dos anteriores: en una sociedad donde todos están dispuestos a prestar ayuda y donde nadie abriga malas intenciones contra los demás, se realiza plenamente la justicia y se alcanza la felicidad del hombre.

A los que trabajan por esta felicidad Jesús les promete que *"Dios los llamará hijos suyos"*. Es decir, esta actividad hace al hombre semejante a Dios, por ser la misma que él ejerce con los hombres. Cesa, pues, la relación con Dios como soberano lejano y temible, propia de la antigua alianza, para pasarse a una relación basada en la confianza, la intimidad y la colaboración del Padre con sus hijos.

> "...porque esos tienen a Dios por Rey".

Anteriormente dijimos que la primera y la última bienaventuranza conllevan la misma implicación. ¿Quiénes son esos que tienen a Dios como Rey? Por transitividad, podríamos decir que las dos bienaventuranzas son la misma cosa expresada de manera diferente: en la primera se trata de los que asumen la opción y el proyecto de compartir con los demás, y en la octava se trata de los que son fieles a este proyecto, ya que la *"justicia"* es interpretada, en este caso, por la mayoría de los autores, como vivir la vida conforme a la voluntad de Dios, o dicho de otro modo, fidelidad a lo que Dios quiere de ellos.

Por lo tanto, se trata aquí de comprender que los que han hecho una opción seria y radical contra el dinero vivirán inevitablemente perseguidos. Esto es perfectamente comprensible en una sociedad basada en la ambición de poder, prestigio y dinero, que no puede tolerar la existencia y la actividad de personas y grupos cuyo modo de vivir niega las bases del sistema y le presenta un claro frente de oposición.

Todo esto entraña una consecuencia muy fuerte: optar por el ingreso al proyecto de Jesús, el Reino de Dios, lleva consigo inevitablemente la persecución. Entonces, quien vive pacíficamente en armonía con el sistema establecido, tiene que preguntarse seriamente si ha entrado o no en el Reino de Dios que Jesús pone en tiempo presente.

La persecución es, paradójicamente, promesa de felicidad, porque el verse perseguido es la señal más clara de que el proyecto personal de vida coincide con el de Dios. Los que tienen que soportar la persecución buscando que se haga Su voluntad son los que verdaderamente lo tienen a Él por Rey.

Jesús no sólo nos presenta el proyecto de Dios, las bienaventuranzas, sino que además lo asume incondicionalmente en todo su ser y ministerio. Se descubre a sí mismo como Hijo muy amado del Padre, y desde esa experiencia singular e irrepetible va a encontrar, dolorosamente, que su misión esencial es ser el *"Pobre de Yahvé"* descrito por Isaías.

Si, como Jesús, hacemos coincidir el propio proyecto de vida con el de Dios, es decir, nuestro Yo interior se convierte a la voluntad del Padre y recorre su camino por la vía de las bienaventuranzas, seremos dignos de la promesa de Jesucristo, la Gran Meta, el Reino de Dios.

Si, como Jesús, hacemos coincidir el *propio proyecto de vida con el de Dios*, es decir, nuestro *Yo interior* se convierte a la voluntad del Padre y recorre su *camino* por la vía de las bienaventuranzas, seremos dignos de la promesa de Jesucristo, *la Gran Meta, el Reino de Dios.*

Epílogo

"La civilización comenzó en torno a una fogata. Los gobiernos del mundo deberían saber que eso sirvió para tres cosas imprescindibles: calentarse las manos, preparar comida y contar historias".

JUAN VILLORO, "PARÁBOLA DEL PAN"
WWW.REFORMA.COM

Hago esfuerzos para recrear una leyenda que alguna vez leí: *Había una vez una tribu que habitaba un remoto lugar cuyos pobladores padecían una prolongada sequía. Guiados por el chamán, se adentraron en un claro de la selva para pedir a su Dios que los ayudara enviándoles de nuevo la lluvia. Realizaron una ceremonia en la que prometían regresar cada año para orar, ofrecer sacrificios, danzar y recordar las historias de sus antepasados.*

Dios se sintió complacido y los ayudó.

Al año siguiente, cumpliendo con el pacto, volvieron al lugar: ofrecieron sacrificios, danzaron y contaron las historias de sus ancestros, pero olvidaron orar primero. Dios siguió enviándoles la lluvia.

Un año después, estaba de nuevo la tribu en el lugar del encuentro donde solamente danzaron y recordaron sus historias. Pero Dios no les quitó su favor.

Por cuarta vez retornaron al sitio del ritual, pero en esta ocasión sólo contaron las historias de sus antecesores, los jóvenes de la tribu habían olvidado la promesa de orar, ofrecer sacrificios y danzar. Y el Señor Dios no los desamparó, porque Dios ama escuchar historias.

La extensa película "*Australia*", situada en dicho país en los albores de la Segunda Guerra Mundial, tiene al finalizar, una frase que siempre me conmueve referida a las tribus de sus aborígenes que dice más o menos así:

"Solemos contar historias para que las personas que las protagonizan, permanezcan con nosotros".

Me ha sucedido al narrar las anécdotas personales que me ayudan a explicar las clases que imparto, los actores de mis historias reviven en mi memoria cada año.

Lo más importante ha sido descubrir que nuestro Dios se comporta de forma semejante. Él nos envió a su Hijo Jesucristo para que lo conozcamos mejor y sepamos cómo piensa. Se ha querido involucrar en la historia de la humanidad y en nuestra historia personal, a través de lo que hemos dado en llamar la Revelación.

"*Modus operandi*" (modo de obrar) es una expresión latina que significa manera especial de actuar para llevar adelante un fin propuesto, es decir, un proyecto. Y en la "*Historia de la Salvación*", conformada por todo lo acaecido en la relación Dios-hombre dentro de la Historia Universal, podemos descubrir el "*modus operandi*" de Dios.

Dios tiene un proyecto específico y una manera particular de manifestarse, no se ha desentendido y tiene una intención clara, concisa y precisa con la humanidad, igual que con cada uno de nosotros.

Los seres humanos nos hemos valido de las historias, vividas y reflexionadas, contrastadas con la Sagrada Escritura, para develar a un Dios que se ha revelado por una única razón: porque nos ama, y no se puede amar a escondidas, sin mostrarse.

¿Habrá algo más importante que descubrir y asumir esto en nuestra vida de una vez y para siempre? En consecuencia, cada vez que contamos nuestra historia y las historias de la relación de Dios con las personas, desde sus orígenes hasta nuestros días, concentradas de una manera luminosa y extraordinaria en la Biblia: Dios nos escucha, se complace y lo hacemos presente en nuestras vidas.

A
ANEXOS

¡Serás lo que quieras ser!
¡Sé fiel a ti mismo!
SHAKESPEARE

Tuvo que haber sido sábado por la mañana, pues al despertar ese día me quedé dando vueltas en la cama sin ninguna prisa. Eché mi mano hacia la mesita de noche y tomé al azar una revista. Captó mi atención el artículo de la página en la que se abrió Selecciones del Reader's Digest y empecé a leer con avidez.

Al concluir fui a bañarme, y mientras me duchaba, comencé a tararear inspirado una canción. Me di cuenta de que la melodía era propia y de que estaba poniéndole letra influenciado por las ideas recién leídas. Apuré el aseo para luego sentarme en el piano y pasar rápidamente a la partitura lo que tenía en mi cabeza. Ese día tenía ensayo con el coro de la Casa de España y si no asentaba mi canción, se esfumaría después del cúmulo de notas y acordes corales con los que tendría que lidiar.

Comencé la canción y la concluí al retornar de Casa de España. En aquel momento se la dediqué a mis tres hijos, pero ahora lo hago para todos los que Dios me ha encomendado en mi labor pedagógica:

Conócete a ti mismo, y al encontrarte,
busca adueñarte de tu propia vida
para lograr lo que anhelaste realizar.

Todo el que busca, encuentra,
y aquel que pide, todo recibe
y llega a donde se lo propone
si se arriesga a caminar.

Serás lo que quieras ser,
verás lo que soñaste ver,
estarás donde quiera que estés:
Si lo decides.

Tendrás lo que quieras tener,
vivirás sin nada que temer
y habrá un nuevo amanecer:
Si lo decides.

Dale el frente a la vida,
pon tu mirada en el horizonte
y busca siempre en lo más alto,
procura cada vez ser mejor.
A todo el que llama, le abren,
y encuentra dentro de cada hermano
la luz que hace, como un milagro,
que cada día sea una ilusión.

Esta es una síntesis propia del artículo que me sugirió la letra de la canción. Su contenido es bastante interesante.

ADUÉÑATE DE TU PROPIA VIDA

Cierta fábula de Esopo cuenta que un anciano y su nieto llevaban a vender un burro al mercado. Al cruzarse en el camino con algunas personas, oyeron comentar: *"Miren ese par de tontos: ¡van a pie, cuando podrían ir cómodamente montados!"* Al abuelo le pareció un buen consejo, así que los dos se montaron en el animal y siguieron adelante. Pronto se toparon con otros individuos. *"¡Qué par de haraganes!"* exclamó uno. *"¡Cómo le muelen el lomo al pobre asno! ¡Lo van a dejar tan agotado que nadie querrá comprarlo!"* El anciano y el muchacho, tras reflexionar, continuaron el viaje de otra manera. Ya bien entrada la tarde llegaron, casi sin aliento, a un puente cercano al pueblo. ¡Atado por las patas a un palo que llevaban entre los dos, colgaba el airado burro! Mientras cruzaban al otro lado, la bestia se soltó, cayó al río y se ahogó.

Esta parábola, que data de hace 2,500 años, nos recuerda que en todas las épocas, la gente ha tenido que aprender a afirmar su propia personalidad y a adueñarse de su vida. Y la moraleja *"no se puede complacer a todo el mundo"* resulta igualmente válida hoy que en la antigüedad.

A través de los siglos, los sabios han sostenido que la clave del éxito personal radica en comprender cada quien su individualidad. *"Conócete a ti mismo"*, aconsejaban los antiguos griegos. Y Shakespeare escribió: *"Sé fiel a ti mismo"*. Parece fácil lograr este objetivo, pero la mayoría de nosotros tratamos de enmascarar nuestro verdadero yo.

¿CÓMO PUEDES LLEGAR A CONOCERTE?

Empieza por no convertirte en tu propio juez. No te preocupes por ser mejor o peor que los demás. Intenta, en cambio, tratar de descubrir qué clase de persona eres.

He aquí algunas preguntas destinadas a ayudarte:

¿Qué te importa en la vida?

¿Qué te motiva? ¿Cuándo fue la última vez que sentiste entusiasmo por algo o por alguien? Las respuestas pueden conducirte hacia tu verdadera identidad. Si respondes que rara vez te sientes animado, entonces tendrás que profundizar mucho para poder encontrarte a ti mismo.

¿En qué empleas tu tiempo libre?

¿Tienes algún pasatiempo que absorba tu atención? Si es así, tal vez cuentes ya con una pista para desentrañar el misterio de tu personalidad. Pero si pasas tus ratos de ocio durmiendo, o haciendo castillos en el aire, esto que estás leyendo podría cambiar tu vida. Dejarte llevar pasivamente por las fantasías quizás signifique que la persona que tú quieres ser sólo existe en tu imaginación.

¿Cuál es tu actitud con respecto a tus obligaciones?

¿Qué te gusta del colegio o del trabajo? ¿Qué satisfacciones te proporcionan? Si encuentras algo valioso e interesante en todo lo que tienes que hacer, demuestras una gran capacidad de creación y adaptación. No siempre podemos hacer lo que nos gusta, pero siempre podremos lograr que nos llegue a gustar todo lo que hacemos. Si puedes entregarte al sencillo placer de realizar bien una tarea, aunque no la hayas elegido tú, ya tienes la base de la dicha y del triunfo. Por el contrario, si los deberes de la vida te resultan siempre desagradables, una doble carga pesará sobre ti, pues nunca faltarán trabajos difíciles e incómodos por hacer. Si te limitas a disgustarte y quejarte, te niegas toda posibilidad de cumplirlas con mayor facilidad, rapidez y agrado.

¿Qué ocurriría si se te presentara una gran oportunidad?

Si un pariente rico te dejara de repente una herencia, ¿qué cosa harías primero? Esta pregunta puede resultar divertida porque te obliga a meditar sobre tus fantasías. ¿En qué sueñas, por lo general, antes de quedarte dormido? Recuerda lo del Evangelio: *"Allí donde tengas tus riquezas, estará tu corazón".*

¿*Eres capaz de enfrentarte a tu realidad?*

Uno de nuestros pocos consuelos consiste en saber que en este mundo no somos más que seres humanos y que hay muy pocos "santos" entre nosotros. ¿Puedes aceptar el hecho de que no todo lo que piensas de ti mismo es, en el fondo, verdad, que quizás hayas cometido algunos errores? Enfrentarse a los desaciertos y falsas interpretaciones de tu vida no significa exagerarlos o darles excesiva importancia; se trata sólo de reconocer lo bueno y lo malo que hay en ti.

¿*Deseas cambiar?*

Los pintores suelen alejarse unos cuantos pasos de su obra para verla desde una perspectiva diferente. De la misma forma, una persona con espíritu creador se *"retira"* de vez en cuando para evaluarse y ver qué necesita cambiar. Por supuesto, algunas cosas en nosotros son heredadas y no pueden cambiarse, pero nada nos obliga a considerarnos como productos terminados. En el transcurso de la vida vamos constantemente adquiriendo e incorporando a nuestra personalidad elementos nuevos. La manera de hablar y andar, los ademanes y gestos, e incluso la forma de pensar y creer los tomamos de los demás, y los imitamos hasta que llegan a formar parte de nuestro propio ser. Mas no son inmutables, al contrario: una vez descubiertos, cada individuo tiene el derecho, por no decir la obligación, de cambiar como mejor le parezca.

¿*Puedes estar en "sintonía" contigo mismo?*

Muchas personas piensan que sólo lo que oyen o leen de otros es lo que tiene importancia, y que si ponen atención a lo que piensan ellos mismos pecan de vanidad y autocomplacencia. El que cree eso se priva de algo muy valioso. Tus propias reflexiones e ideas pueden llevarte hasta los momentos más significativos de tu vida. Sé sensible a tus sentimientos. Si te mantienes firme y haces frente a las emociones difíciles, como la ansiedad o la depresión, éstas terminarán por reducirse a proporciones manejables. La angustia significa muchas veces que estás a la puerta de nuevas aventuras o posibilidades que te esperan.

Cierto individuo de 40 años, por ejemplo, confesó a un amigo suyo que toda su vida había deseado ser médico, pero que temía tener ya demasiada edad para comenzar a estudiar. *"Al fin y al cabo"*, le dijo, *"dentro de 4 años cumpliré 44"*. El otro le contestó sabiamente: *"Si no estudias medicina ahora, dentro de 4 años tendrás de cualquier manera 44"*.

¿Te conoces a ti mismo?
Tu sentido de individualidad te dará la firmeza necesaria para adueñarte de tu propia vida. Procura definir tu naturaleza, las características que integran tu *"yo interior"*. Luego, cuando sepas mejor quién eres y qué valores representas, no permitas que nada ni nadie te vuelvan contra ti mismo.

Una última palabra de ánimo: En cuanto te hayas puesto de tu parte y hayas decido actuar a favor de ti mismo, empezarás a vislumbrar posibilidades y aptitudes que jamás habías sospechado tener. Cuando hayas aprendido a manejar tus miedos y tus dudas, estarás en libertad de emprender nuevos y estimulantes proyectos. Y te sentirás animado para emplear, como por arte de magia, la energía y el espíritu creador que no creías poseer.

Y entonces, como dice el estribillo de la canción, serás lo que quieras ser, verás lo que soñaste ver, estarás donde quiera que estés, si lo decides. Tendrás lo que quieras tener, vivirás sin nada que temer y habrá un nuevo amanecer... *¡si lo decides!*
¡Empieza ahora!

Comentarios acerca de la obra:

"Con mucho regocijo he concluido con la lectura del libro *El Proyecto de Dios para Ti*. Descubrí, entre líneas, un tesoro para mi vida".

CECILIA HICIANO

"Fue un tesoro reencontrarme con estas líneas ya conocidas y vividas en mi itinerario de vida que se han convertido en parte de mis convicciones de antes y de ahora. Líneas que rebosan ilusión, que remueven por dentro, que hacen mirar al interior y, claro, mirar a Dios. Ha sido un deleite: un ritmo agradable, ágil, una lectura que se saborea. Por momentos me hacía detener y trasladarme en el tiempo. Cada cita y cada anécdota bien escogidas, pertinentes y adecuadas".

LUIS PEÑA

"Me sorprende bastante que, a 17 años de haber conocido esta obra en las aulas del colegio, al releerla, sienta que las reflexiones e historias que cuenta me son tan o más útiles y orientadoras que entonces. *El Proyecto de Dios Para Ti* es la guía que nadie nos entrega al llegar a la adultez, pero que todo joven o emprendedor, de cualquier estrato social, agradecería recibir como fuente de inspiración y enseñanza para enfrentar el impredecible camino de la vida. Es un verdadero tesoro para todo aquel que busca respuestas sobre su existencia y su sentido de transcendencia".

ANDIEL GALVÁN

"Esta obra pone en evidencia:
- El cariño y preocupación del autor por sus jóvenes alumnos.
- El conocimiento que da la vivencia de tantos años en las aulas.
- La excelente preparación que requiere coordinar ideas con un objetivo bien definido: que sean felices.
- La gran confianza en un Dios que te quiere.

Con gran admiración y respeto agradezco haber podido disfrutar esta obra".

LUICHI GARCÍA-DUBUS

"... el preámbulo y la introducción, ¡impecables! ¿Te es suficiente con esa palabra, palabra de lujo: ¡impecables!? Espero que sí. Escribes muy bien. Manejas la pluma como la batuta. ¡Con arte! ¡Pues eres un artista! Muy válidas las reflexiones que planteas en los temas. Pero mira, no sólo son válidas para los jóvenes –en los que piensas incluso con rostros concretos- sino para los adultos y mayores.

Me apoyo en que cuando leo tu libro siento que me ilumina la mente y remueve el corazón. ¡Me alimenta! A otros les sucederá también, sin duda alguna.

El Proyecto de Dios Para Ti merece la pena, vaya que sí. El proyecto de vida es esencial en la vida de los hombres y mujeres, pues es un aspecto que los va construyendo como auténticos seres humanos, que es la meta a alcanzar: ¡plenamente humanos!"

HNO. PEDRO ORBEZUA, FSC

FUENTES BIBLIOGRÁFICAS

- EL CANTO DEL PÁJARO / *Anthony de Mello.*
- TEOLOGÍA PARA COMUNIDADES / *José María Castillo.*
- TEOLOGÍA PARA NUESTRO TIEMPO / *José Antonio Sayés.*
- ANIMO EN DOS MINUTOS (VOL I, II Y III) / *Luis García Dubus.*
- CATECISMO DE LA IGLESIA CATÓLICA.
- CRISTOLOGÍA PARA EMPEZAR / *José Ramón Busto Saiz.*
- COMUNICACIÓN E INTEGRACIÓN PERSONAL / *Maite Melendo.*
- JESUCRISTO EL LIBERADOR. ENSAYO DE CRISTOLOGÍA CRÍTICA PARA NUESTRO TIEMPO / *Leonardo Boff.*
- EL HOMBRE EN BUSCA DE SENTIDO / *Viktor E. Frankl.*
- EL PROCESO DE CONVERTIRSE EN PERSONA / *Carl R. Rogers.*
- CRUZANDO EL UMBRAL DE LA ESPERANZA / *Juan Pablo II.*
- LA IGLESIA LATINOAMERICANA Y LA PASTORAL JUVENIL / *Jesús Andrés Vela, S. J.*
- TENDENCIAS ACTUALES DE LA JUVENTUD / *Jorge Borán, C. S. SP.*
- PUEDO SER OTRO Y FELIZ / *Mateo Andrés, S. J.*
- HABLEMOS DE LA OTRA VIDA / *Leonardo Boff.*
- PRIMERO LO PRIMERO / *Stephen Covey, Roger y Rebecca Merrill.*
- *Las citas bíblicas están tomadas de la Biblia* "DIOS HABLA HOY", *y de* "LA BIBLIA DE AMÉRICA".

Made in the USA
Columbia, SC
29 July 2023